谨以本书献给我的老师 Thomas Rogowski

从忧郁到丰美
——歌德的精彩人生

Johann Wolfgang Von Goethe

杨梦茹 著

陕西出版集团
陕西人民出版社

图书在版编目(CIP)数据

从忧郁到丰美：歌德的精彩人生 / 杨梦茹著. – 西安：陕西人民出版社, 2012
ISBN 978-7-224-10060-0

Ⅰ.①从… Ⅱ.①杨… Ⅲ.①歌德, J.W.V.(1749~1832) – 生平事迹 Ⅳ.①K835.165.6

中国版本图书馆 CIP 数据核字(2012)第011619号

著作权全国登记号：陕版出图字 25-2010-050

从忧郁到丰美——歌德的精彩人生

作　　者	杨梦茹
出版发行	陕西出版集团　陕西人民出版社
	（西安北大街 147 号　邮编：710003）

印　　刷	西安新华印务有限公司
开　　本	787mm×1092mm　16 开　12.25 印张　2 插页
字　　数	200 千字
版　　次	2012 年 2 月第 1 版　2012 年 2 月第 1 次印刷
书　　号	ISBN 978-7-224-10060-0
定　　价	25.00 元

目 录

从维特到浮士德——歌德人生启示录 ………………… 胡忠信 1
巨星歌德 …………………………………………… 薄达夫 4
多重的鉴赏面 ………………………………………… 葛汉 5
歌德不担心——代序 ………………………………… 杨梦茹 6

自幼及长

1 今夜月光灿烂——歌德的童年 1749.8.28— …………… 11
2 万丈高楼平地起——歌德的家世 ……………………… 16
3 井中的清影——歌德的妹妹 1750.12.7—1777.6.8 ……… 23
4 我本将心托明月——歌德情窦初开 1764—1765 ………… 29
5 何以解忧? …………………………………………… 43

大学时代

1 我嗒嗒的马蹄——初抵莱比锡 1765.10— ……………… 49
2 念去去千里烟波——挥别莱比锡 1768.8 ………………… 55
3 恋恋生命——法兰克福病中岁月 1768.9—1770.3 ……… 62
4 缤纷心情——施特拉斯堡 1770.4— …………………… 66
5 此情可待成追忆——施特拉斯堡 1770.10—1771.8 ……… 74

6 实至名归——聊备一格的博士学位 1771.8.6 ········· 86

踏入社会

1 月光下的叠影——《少年维特的烦恼》1772.2—1774.9 ······ 93
2 只是当时已惘然——未婚妻莉莉 1774—1775.9 ············ 105
3 我欲乘风归去 1775.11 ····································· 111

威玛时期

1 高处——威玛初期 1775.11.7—1786.9.3 ················· 117
2 无题——冯·史丹夫人 1775.11.7—1786.9.3 ············ 126
3 取暖——意大利之旅 1786.9.3—1788.6.18 ··············· 132
4 红颜——情人与妻子 1765.6.1—1816.6.6 ················ 140
5 知己——席勒 1759.11.10—1805.5.9 ···················· 153
6 巅峰——《浮士德》···································· 162

星月辉映

1 歌德的中国情结与情怀 ·································· 169
2 歌德与贝多芬 ·· 174
3 歌德与拿破仑 ·· 177
4 晚春 1808—1832 ······································· 182

参考书目 ·· 190

从维特到浮士德
歌德人生启示录

胡忠信

"人类所能达到的最高境界是什么?"歌德曾经如此问道,他的答案是"惊奇",也就是"对知识的渴求"。

歌德的本身就是一项惊奇。以出身论,他来自富裕家庭,不愁吃穿,教养良好;以才气论,他是文坛奇才,是小说、诗、戏剧泰斗,引导了文学的狂飙运动;以现实论,他"无病无痛到三公",官至内阁总理职位,是治世之能臣;以名气论,歌德是马丁·路德宗教改革以来,最重要的思想家之一,足与康德、贝多芬等名人匹敌,遑论历久不衰的文学影响力;更奇特的是,歌德一生韵事不断,常成为婚姻的第三者,竟也能全身而退,而他的妻子来自女工阶层,完全门不当户不对。

如何重新解读歌德,进行现在与过去之间无休止的对话,如何使歌德的生平与思想"出土",使他成为活生生的现代人,更重要的,如何发现歌德所孕育的公民人文主义,呈现"不是我在说,是歌德在说"这些成为当代人挑战巅峰之作。

歌德一生撰述不断,诗作成为文学家、音乐家、剧作家的创作源泉,没有歌德,就无近代德国文学可言。歌德两部文学巨著《少年维特的烦恼》以及《浮士德》已成为人类文学经典,它们所蕴涵的精神思想,归结到人性的根本问题:"我从哪里来?我如何自处?我往何处去?生命的意义是什么?爱情的意义是什么?"

少年维特是一个经典隐喻,爱情可以激发出本能的喜怒哀乐,甚至以死相殉;但如此隐喻也是冲决网罗的力道,表示一种颠覆传统的能量,人类为了捍卫价值与信仰，不惜以全然的意志、勇气与决心改变现状，拿破仑熟读《少年维特的烦恼》，不是在书中找到了革命的源泉与影中的自己？

《浮士德》更是一部旷世巨作，是歌德集其经历、思想、创作、理念于一身，并以六十年功力所完成的人生启示录。从狂飙盛气的青年，磊落豪雄的中年，乃至深沉厚重的老年，人性无不在追逐性、金钱与权力，而且以出卖灵魂予魔鬼作为终极代价。在人性本能的是非、善恶、对错、公正与否的天人交战之中，我们如何自我救赎、不断提升？歌德提供了一个思想剧场供我们省思。正如《浮士德》的一大主题："我来是要行恶，却结出善的果实。"人类最终必须面对事实、良知与真理，弃恶扬善，途经地狱之路而迈向天堂。

杨梦茹女士所撰写的《从忧郁到丰美——歌德的精彩人生》是令人击节称赏的力作。她以朴实的叙事方式，将极其宏观而复杂的歌德生平与思想，以行云流水的语言表达出来。由于作者中文、德文功力深厚，一口气读毕全书，等于重新与歌德再进行一次人文对话，也就再次达到"惊奇"的最高境界。对歌德的最高礼赞，我们也只能用舒曼对肖邦的致意加以形容："请各位脱帽致敬，他是一位旷世奇才。"

正如上帝是上帝，巴赫是巴赫，歌德是歌德。作者以其特殊的文学观如此形容："维特对世间的批评着重在'个人的极限'，因而感悟所有的汲汲营营终究是一场'闪亮的烦闷'"，"维特如流星陨落，几百年来全球的读者怀念他在天际划下的那道万丈光芒；歌德死而后生，他活了下来，《维特》完稿时，他已经与少年痴狂的他告别了。"朴实与精确的描述，呈现了作者的文学底子与深层的观察力。

既是使徒又是魔鬼的歌德，正如一位同时代女性所引述的："歌德是她毕生所见最英俊、最活泼、最原始、最烈性、最激情、最温柔、最诱惑，对女人而言，一个最危险的男人。"作者以其敏锐、细腻的女性特质，大量引述歌德的诗词与情史，让我们见识到歌德的爱情旅程，也使我们体验爱情的狂喜与悔恨，"没有爱，我们也不过是鸣的锣、响的钹一般。"

如何解读《浮士德》，正如登山者面临圣母峰，是一生的准备与意志的对决，作者有非常精辟的观点与叙述，这是本书的核心价值："歌德所塑造的浮士德，是一个集欲念与意志力、失误和罪愆于一身，游走于人性边缘的人，透过他，我们更能看清人的本性。""宗教的谦逊态度与文艺复兴时代倡导的个人主义在此引发冲突不断。浮士德要走一条贯穿世界的道路，以便满足他的渴念。"是不是必须出卖灵魂才能达到目的？作者的提问再次引发我们的精神自觉。

歌德对生命、爱情、大自然的礼赞，对自由民主革命的憧憬，乃至对人性善恶、原罪的探讨，都是人类经典永恒探讨的主题。作者纯熟且流畅地再次把上述主题呈现在我们眼前，正如歌德的"意大利之旅"使他迈向自主与成熟，读毕杨梦茹女士的大作，我们掩卷叹息，再次思考"生命的意义是什么"。正如歌德早已提供的答案："无论选择什么样的生活，只要对社会有所贡献，都是值得效法与尊敬的。"

这本书是贡献给社会的一本优良读物，也是给予我们的最高尚礼物，值得推荐与精读。

巨星歌德

薄达夫

"行为即一切，名声皆虚无"（Die Tat ist alles, nichts der Ruhm）系歌德于其巨作《浮士德》中之名言。

而歌德本人之作为亦与其名声相当，可说是名副其实。歌德是德国文学巨擘中少数能活跃于许多不同的领域并且都有优异傲人的成绩的人。同时，也很少有全才诗人能同歌德一般，于其有生之年即声名远播，甚至截至目前，歌德也一直是德国文学与文化的代表。不久前，360万德国人参加一项调查，即从300位历史上著名的德国人中选出心目中最重要的10位，歌德荣居第6位，更胜于贝多芬及马丁·路德。

歌德对于外国之风土民情与文化亦充满浓厚兴趣，他的意大利之行深具传奇性色彩。而他的作品《西—东诗集》更是让他获得了世界的肯定与声誉。他亦说：

"谁不懂外文，亦对于自己的母语一无所知。"（Wer fremde Sprache nicht kennt, weiss nichts von seiner eigenen.）

基于这重要的理由，在此我诚挚地感谢作者杨梦茹小姐创作了这部内容丰富的歌德传记，拉近了读者与这位文学巨擘及德国语言和文化的距离。

多重的鉴赏面

葛 汉

　　读杨梦茹女士撰写的这本关于歌德的书是一桩幸运,理当向作者道一声衷心的感谢,因为她笔下歌德的人生及作品令人印象深刻。

　　1999年庆祝过歌德250岁诞辰之后,他的名字在德国就沉寂了下来。德语文化史上响亮的名号——爱因斯坦、莫扎特、布雷希特、贝恩、席勒——周年纪念日一个接一个,歌德于是退居次要地位。

　　因此,在长时间漠然以对之后出版这本书,再度把我们的注意力引向这位德国最伟大的诗人身上,我认为是好事。然而——不同于其他数不清的传记——这并非一本脱离现实的著作,作者凸显了歌德"人"的色彩,天赋异禀之外也揭示他个性上的弱点,作者创作了多重的鉴赏面,为歌德非凡的魅力所倾倒的读者,也能在这本书中找到他的快乐与痛苦。歌德并非高不可攀的诗坛祭酒,而是与我们一样,所谓碰得到也摸得到的一个人。这在《我本将心托明月——歌德情窦初开》、《恋恋生命——法兰克福病中岁月》或《我欲乘风归去》等篇章中都可看到,丰富的引文不但引人入胜,并且透过亲近歌德这个人及其作品而更加了解他。

　　不仅如此,这本书端出一连串迷人的题目,这儿只提两个历久不衰的话题:歌德与席勒,歌德与中国(特别具逸趣)!这本书一直牵引着读者,借着鉴赏与比较展开一场与歌德的对话。

　　读这本书,很有趣——而且会有萌生读歌德作品的兴趣!身为台北德国文化中心的主任,我欣然见到这本书出版,祝福作者成功。

歌德不担心
代序

杨梦茹

我喜欢不期而遇。

在那一天到来之前,我已经在德国度过四年余,德语学得挺来劲儿,书却念得极为混沌,理论上我即将进入毕业阶段,脑子里却一点儿想法也没有。夏季班结束之前,我走进一位教授的办公室,请他指点迷津。或许是基于上学期我写过的一篇报告留下的印象,或许是谈话当下的气氛,教授建议我先读一些歌德青年时期的作品,暑假过后再谈。

歌德!我在教授面前欢呼了起来,却带着空洞的心情离开他的办公室。我对此人简直一无所知,中译的《少年维特的烦恼》不曾激起任何涟漪,刚才的愉悦状只不过是对教授亲切指导的善意回应罢了。

歌德?就歌德吧。我拿着书单去买书,第二天坐在图书馆里开始读他的传记,我很快发觉和歌德交朋友不需要养成期,直接达到深情厚谊的程度。

歌德的一生真迷人,我不知道还有哪位世界级的文豪过得比他丰富多彩,不同凡响!他才华横溢,经常捞过界,连开矿都做得有声有色;他敢爱而不恨,一辈子都令人瞠目结舌;他长寿、富有,物质上少受束缚,精神上却始终孤单,虽然他位居要津,不乏朋友及追随者。

寂寞与歌德纠缠了一生,但是他不担心,以旺盛的创作力度过一个又一个低潮期。他从来就没有闲下来的时候,处理公事、口述信件或文章的同时,还可以分神接待慕名而来的访客;家有糟糠,又认真考虑向另一位女子求婚;自传写了三分之二,停笔研究波斯文学……抑郁长伴,他必须为埋伏于胸臆的岩浆规划好出路,分散于政治、诗歌、戏剧、小说、艺术、矿物、植物、气象、色彩学等领域，免得忧郁日渐坐大。

他所创造的人物维特似乎成了自杀的代言人，《少年维特的烦恼》一度成为禁书，他既不疾呼辩驳，也不撇清关系。维特身上的确有他的影子，而他是选择活下去、活得精彩的那个人，两相对照，取舍之间够清楚了。所以，那些个攻讦与误会歌德压根儿不放在心上。

八十三年的生命，歌德的一举一动魅力十足，呱呱坠地也别具意义，包括临终时所说，甚至根本没开口的话，都教人费神剖析，余波荡漾。为什么？因为他这个人以及他走过的人生路充满了趣味，这是一种此中有真意，但平凡如我辈亦可共赏的趣味，他的文学成就、政绩、情史、得意与失意，哪一样不称奇？生时引人注目，身后致人神往。

《维特》轰动多时，《浮士德》让人不敢大意，当我们屏气凝神瞻仰诗人的风采时，却发现他意到笔随，过日子如此，应付复杂的政治圈如是，寂寥的心境反而似一帖可口的香膏，让他拥有赤子之心，保持真我，转化为源源灵感，爆发力十足。

易感的心之于他，从焦躁的中内转变为俯首帖耳的至交。他不把时间花在细数针尖上跳舞的天使有几位，而是尝试从个人经历中洞悉人生，蓦然回首。他总能将苦与乐化成优美的文字，赋予磅礴的意涵，征服无数读者。

这个响当当的名号，今日的德国人不常挂在嘴边，对于有文化隔阂、语言障碍的中文读者来说，歌德仿佛熟悉的陌生人，我们略知一二，泰半是口号式的教条，但兜不成一个活灵活现的人，哭笑自如的一生。换言之，歌德是图书馆里的经典，架上的线装书，只存在于学者之间与研讨会上。

所幸，文学舞台上歌德拥有永远的首席，我们的冷漠或无知影响不了他的地位，一寸不移。找一首短诗来读，随手翻阅他写的信、生活感言，他将立刻像个顽皮的精灵，逗得人莞尔。歌德不担心他的书蒙上多少灰尘，但是，不认识他，文学岂有道理，生活滋味何在？所以，该担心并急起直追的是我们。

《从忧郁到丰美——歌德的精彩人生》提供一道开胃菜，希望唤起大家对这位文学家的兴致。研究他的著作何其多也，纷纷从各种角度与面向切入，若说他的每一根头发都被挑起来瞧过，一点儿也不夸张。多亏前人努力，资料与情节几乎都是现成的，我要做的是从中筛选出饶富兴味，以及文学史上不可或缺的事件，整理撰写，单篇成立，织成他的一生。

有道是抄袭一个人的文章叫做剽窃，抄袭很多人的文章美其名曰研究！我所做的称不上研究，充其量是心得分享：喜欢歌德，以他为师。

这本书花了我一年时间，把汉堡版的《歌德全集》和相关书籍重新请下来，昔年的惊艳涌现案头，愈是心向往之，笔下愈是难行，意识到自己平凡平淡之故。我又察觉，有歌德如影随形并非负荷，而是一种赏心悦目，因为我知道他就是标的，我不迷惘，快乐地往目标迈进。

书中大量引用了歌德及其友人的诗文与书信，作为事证的同时，也有一份请读者登堂入室的诚意。在速食文化充斥，装疯卖傻成为主流的年代，赏析歌德，即便浅尝，定有稳赚不赔的绩效。一如歌德用"他的样子，你看到他，他的那种神态；这就是他"来形容拿破仑，我也要说，歌德独一无二，不和他握个手、谈天说地，实在太可惜了。

歌德的文思看似素朴，蕴藉的含义却无穷，我往往无法窥得全貌；有时候他的句子千丝万缕，不熟知他所处的时代、与他打交道的人物的背景，一不小心就落得不合逻辑，前言不搭后语。我很幸运，有向来支持我的老师 Thomas Rogowski 助阵，当初我告诉他想写一本介绍歌德的书时，他虽然大摇其头，但乐观其成。这本书能顺利完稿，老师耐心地解答我提出的诸多问题是一个关键；而任职德国出版界的友人 Uli Zimmermann 说动两位同事——看在歌德的分上——不断寄书补充我的资料库，使我倍感温馨。当然，如果少了王寿南与吴涵碧伉俪，这本书不可能诞生；他们愿意用一位新人，题目又如此吃力不讨好，堪称勇敢。

话说回来，拙作再差劲，定格于永恒的歌德也都不担心！

自幼及长

Johann Wolfgang von Goethe

1　今夜月光灿烂
歌德的童年
1749.8.28—

　　1749年8月28日近午时分的德国法兰克福,当教堂的钟声敲响十二下之际,大文豪歌德(Johann Wolfgang von Goethe)诞生了。这一天适逢满月,月亮热情地反射从太阳照耀过来的光芒,夜空为之灿烂。相对于这轮满月的光华,刚离开娘胎的新生儿却了无气息;那个时代婴儿死亡率极高,大部分的幼儿活不到上小学的年龄,接生婆见怪不怪,心想这八成是个死胎。她不是一个老练麻利的接生婆,面对的产妇又非寻常人家的妇女,而是法兰克福市长的掌上明珠,于是她把所有的偏方都用上了,譬如泼冷水到婴儿身上、威吓、好言相劝等等,花了不少力气,就在她几乎打算放弃的那一刹那,新生儿蓦地呦哸引吭。

　　这个才下地就考验接生婆能耐的孩子,让他的父母亲体会到起死回生的惊喜,尤其引人注目者,是他的市长外公因为长外孙在生死边缘徘徊了一遭,下令市政府正式聘用一位合格的助产士,同时改良助产士的训练课程。这个孩子注定是个幸运儿,至少为后来的产妇和婴儿带来不少好运道。

　　歌德的母亲一共生了七名子女,其中五名早夭,妹妹康内莉雅(Cornelia)小他一岁。这是一个三代同堂的家庭,奶奶与他们同住,家中还有已逝的前市长欧森史丹托养的三个差不多年龄的男孩,所以歌德不缺玩伴。

　　位于法兰克福市中心的一栋两层楼房是歌德诞生的地方,也是他温暖的家。街名十分诡异,叫做"鹿壕",但是既没有一只鹿,也不见任何壕沟。

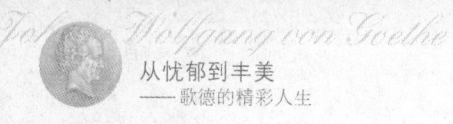

从忧郁到丰美
—— 歌德的精彩人生

法兰克福鹿壕的街牌

歌德非要弄个清楚不可，大人告诉他，他家房子所在的位置原本属于城外，而现在的街道，以前是一个养了许多只鹿的壕沟。之所以要饲养鹿，是因为参议院依照风俗每年都要在公开的场合大啖一整只鹿。此外，如果驻扎外地的侯爵与骑士一时间失去了打猎的兴致，或者敌人将这座城市封锁了起来，甚至发动围城之战，壕沟里养的鹿仍然足敷参议院之用。歌德很欣赏这个渲染了传奇色彩的说法，由衷希望能亲眼看一看传说中的那座猎场。

妈妈在陶器市集上为他买了一套玩具，小巧可爱的陶土烧制的锅碗瓢盆。一个安静的午后，歌德潜进储藏室，拿出他的玩具，选中其中的一样朝街心丢下去，摔成碎片的锅子看起来相当狼狈，他觉得好玩极了。欧森史丹家的三个男孩闻声而至，看见他开心地拍起手来，忍不住鼓噪："再来一个！"他毫不犹豫又砸了一个小盆子，就在旁观者的欢呼声中，所有的小玩意儿都让他给抛到石板路上去了。他不心疼玩具全毁了，反而跑进厨房搬出一个又一个真正的盘子，表演同样的戏法，以娱嘉宾。

父亲对公立学校没多大信心，所以歌德和妹妹要上很多家教课，算术、各种语文之外，他也学绘画、舞蹈以及音乐。课程排得满满的，从繁重的课业中喘一口气时，他喜欢讲故事给同伴听，为虚构的故事安上现实世界的时间与地点，虽然朋友几乎都晓得他的作息与行踪，但他杜撰的本领总能让他们以为那是他的亲身经历，而且是一场妙不可言的冒险。在他自编自导的故事中，《新帕里斯，男孩童话》获得最热烈的回响。故事从一场梦开始，小男孩邂逅三位在指尖上跳舞的精灵，接着巧遇一位留着长胡须的男子，男子送给他三个像宝石那样美丽的苹果，吩咐他把苹果交给三个有为的年轻人，作为寻找理想妻子的信物。小男孩因而展开一场探奇之旅，穿过"险恶城墙"，来到秘密花园，闯进三位绮丽佳人弹琴的天地，当他心仪的女子不见人影，他向带路的隐居老人坦承此行的目的之后，神秘的门自动关上，可是老人要他记住来时的路径……听得如痴如醉的小朋友，不约而同根据歌德口述中的路径寻幽访胜，梦中那座机关重重的花园，隐居的老人以及刁蛮的女孩，往往因为每个人一窥究竟时的心理而产生不同版本，缤纷的童话更添神秘，甚至逼近真实。聪明的他知道见好就收，坚持不肯应观众要求加演续集。

歌德诞生的房子

一有空，歌德家的孩子也爱到奶奶的屋子里去，这群小毛头喜欢在奶奶的沙发椅上玩耍，若是老人家身体不适，干脆把打闹的战场扩展到她的床上，性情温和的奶奶也任由他们造反。总是一袭白色衣裙的奶奶身材细瘦，深谙让小孩忙得团团转的各种游戏，源源供应各种好吃的点心。有一年圣诞节，奶奶向孩子们介绍木偶戏，从此在鹿壕的老宅子里创造了一个新的世界。刚开始歌德与他的玩伴背下几出木偶戏的对白，搬演给叽叽喳喳的观众欣赏，但不久大伙儿就厌倦了照本宣科，于是他们动手改良服饰、布景，尝试不同的戏码，在小小的场地演出想象力奔驰的情节。

六岁那年的初冬，葡萄牙首都里斯本发生大地震，一万六千人失去生命，歌德平静的童年掀起了波涛。他怀疑仁慈的上帝不分好人或不义之人，瞬间弃他们于不顾。这是他耳闻的第一场天灾。隔年夏天，他亲身经历了一场剧烈的冰雹。冰雹来得出其不意，在家人来得及反应之前，新装的镜子已经破了，不但家具受损，父亲几本价值不菲的书也遭了殃。正混乱的当儿，家中的仆人非但没有动手关闭门窗，反而都跪了下来，大声哀号，请求发怒的上帝原谅。唯一保持镇定的人是父亲，他用力拉开窗扉，此举固然救回了几块玻璃，却也为随着冰雹而来的滂沱大雨广开一条大路，前厅及楼梯立刻淹起水来。再一次的，《旧约》中盛怒的上帝在歌德的心目中留下一道阴影。

天灾之外，歌德饱尝疾病之苦。天花肆虐的那年，他没有幸免于难，病

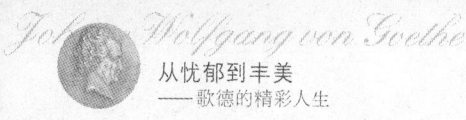

从忧郁到丰美
—— 歌德的精彩人生

奶奶送的木偶戏台，深获歌德兄妹的喜爱

情严重到甚至失明了好几天的程度；大人说只要他好好躺着，千万不要去抓痒，以后他要什么都给他。不知是哪个人的馊主意，给他裹上保暖的衣服和棉被，他的痛苦有增无减；熬过了惊险的那几天之后，他觉得脸上有如戴着一张面具。当视力恢复，又能看见天光时，他高兴得像什么似的，随着斑驳的皮肤逐渐脱落，他喜获痊愈。虽然他的脸上很幸运地没有留下任何疤痕，但是一位与他很亲近的姑姑在往后几年看到他时，总免不了要惊呼，对他的父亲说："呸，见鬼！堂哥，他，怎么变得这么难看！"逃过了天花的劫难，麻疹、水痘接踵而至。病榻上的歌德决定仿效斯多葛学派的美德，靠着沉思远离受苦的焦躁。

　　斯多葛学派的理论也支持小学生歌德挨过学校里的体罚，同学之间永无宁日的口水战以及打架。嫉妒他有个市长外公的同学，总不忘讥讽他的奶奶开旅馆营生，而他的裁缝师爷爷不过靠老婆致富罢了；不在意祖父母出身平凡的歌德，针对这些刁钻的言语都以尖嘴利牙回应过去。有斯多葛理论做后盾，挨老师打时，他吭都不吭一声，下课时更热衷于与同学较量，看看谁比较不怕痒，不怕拳头，他的演出有的时候接近职业水准，这当然激怒了某些同学，一再挑战他的极限。

　　有一天，老师迟迟未现身教室，不想干等的同学纷纷离去，不多时，教室里就只剩下歌德及三个宿敌。那三人联手去外面张罗配备，等到他们重返教室，手上多了几根从扫把上折下来的枝条。那些枝条落在歌德的大腿与小腿肚上；他打算下课钟响之前都不抵抗，一方面因为猛虎难敌群猴，另一方面也因为他想夸示自己的毅力与耐性。但他立刻发觉自己的如意算盘打错了，疼痛使得几分钟变得很漫长。第一声下课钟响起之际，歌德猛然扑向其中一人，抓住他颈部的头发，把他摔倒在地上，再用膝盖顶住他的背。另一个家伙从背后袭来，歌德不客气地拖住他的头，死命压着他，不让他呼吸。第三位可是个劲敌，右手忙着应付之前那两个人，现在只剩下左手空着的歌德，技巧地抓住最后这个强敌的衣服，先将之摔倒，再用脸把他撞倒在地上。躺在地上的三个人犹作困兽斗，又咬又抓，脚上还乱踢一通。怒火中烧的歌德，意识与肢体都在复仇，不断用头去撞他们，那三个人受不了，终于狂叫了起来。同学们发现教室里的异状，进来观战；校方暂缓处罚措施，放肇事者回家。这个事件让同学们看到歌德的另一面，原来他也是个蛮小子，一旦发起狠来，即使最微小的屈辱，也会逼他上梁山，轻则撕下仇家的耳朵，重则挖掉对方的眼珠子。

热闹的鱼市场

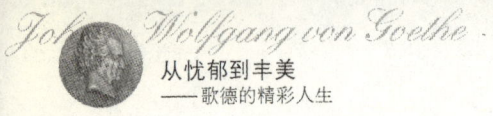

2 万丈高楼平地起
歌德的家世

换上牧羊人装扮的歌德全家

研究歌德的历代学者极尽爬梳之能事，希望能多挖掘一些歌德祖上的事迹，而且这些事迹愈高耸入云愈好，如此才能衬托他在多个领域所绽放的光芒。关于他的家世，有人穿凿附会，指称他出身王公诸侯；浪漫派则喜欢说他的曾祖父母可能是农人、艺术家，或者靠一门手艺为生，有一天被贵胄或名门望族相中……于是乎，歌德既为一介平民，同时又流着蓝色的血液。分别拥有广大支持者的传说只证明了一点：几百年来，德国人普遍存在着一个热切的共识，那就是把这位全方位的天才视为整个民族的化身及财产。

白手起家的祖父母

事实上浪漫派居了上风,歌德的曾祖父(Friedrich Georg Göthe,1657—1730)的确靠双手挣得温饱——他是位打铁师傅,歌德的祖父则是裁缝师。那个时代的裁缝非但没有一间固定地址的店铺,反而要沿街兜揽生意。祖父挑担的脚程跨得很远,远至法国里昂及巴黎,在那儿大约过了四年,想来他的针线活计颇令向来重视穿着的法国顾客满意。1686年他来到法兰克福,与一位同行的女儿结为连理;这是种识实务的做法,因为这对他在当地落户以及之后的发展有百利而无一害。

祖父的生意果然应接不暇,短时间内就累积了一笔财富。当时法兰克福的法律规定,一万五千古尔盾金币以下的财产不必申报,而他只花了几年的时间就超过了这个标准;换言之,得缴税了。元配过世后五年,祖父再婚了,迎娶一位继承了丰厚遗产的寡妇;第一次婚姻留给她一间名为"柳园"的旅馆。这桩婚姻堪称门当户对,因为奶奶也是裁缝师之女。

柳园距离现今法兰克福的购物中心不远,一幢漂亮的三层楼建筑,房子的正面一共有十扇窗户,毫无保留地诉说它的气派。若把城里所有的旅馆排上名次的话,柳园居排行榜第四名,按照今天的标准来看,少说也有个三颗星。

放弃收入颇丰的裁缝工作,祖父改行经营旅馆,他演啥像啥,把一间三星级的旅馆经营得有声有色,顾客络绎不绝。婚后十年,第二任妻子为他生下了一个儿子,这就是歌德的父亲(Johann Caspar Goethe,1710—1782)。

坐镇生意兴隆的旅馆,但祖父并未感到于愿足矣,他左思右想,想找出心中那个模糊的呼唤;他终于弄明白了,儿子应该走另一条人生路。向上爬的想法一旦开始酝酿,很快便发酵成锐不可当的野心:他要他的儿子拥有高等学历,唯有打进这个凤毛麟角的圈子,才有可能获选为首席议员;当时法兰克福只有两个首席议员的名额。于是,精于投资的祖父,把儿子的教育也当成事业,不惜重金送他上好学校。

祖父身后留下可观的财产:除了贮存在七个皮袋里的一万九千古尔盾金币之外,还有旅馆柳园、四栋位于黄金地段的房子,另有一座花园及葡萄庄园。

也无风雨的父亲

歌德的父亲,这些现金以及不动产的唯一继承人,在求学这条路上没有

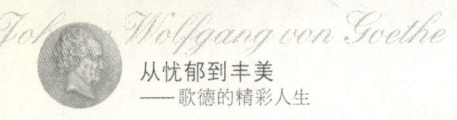

让他的父亲失望，高中毕业后，先后在基森与莱比锡上大学。也许他要告慰亡父在天之灵，当他在基森获得法学博士学位时，以罕见的奢华手笔大肆庆祝。他穿着礼服，于钟鸣之际出场，在轻音乐的伴奏下，以无懈可击的拉丁文致辞，礼拜结束之后随即举行宴会，用餐时有人朗诵诗、唱歌。这些活动的费用全都由这位刚出炉的博士独自支付，而他一点儿都不必为账单发愁。

衣锦还乡的父亲意欲进一步实现祖父的心愿，试着谋求市政府的一官半职，他认为以他的条件应该可以通过不记名投票的表决，但投帖问津的结果是碰壁而返。父亲赌气说他再也不会接受任何公职，但他仍然设法弄到了一个皇家议员的头衔；这个动作背后隐藏着讳莫如深的心理因素，父亲把自己拉抬到与市长及最年长的陪审员平行的阶层，一来借此治疗心中的重创，二来他再也不能或不必从底层开始了，譬如说被遴选为一般议员——他受挫的初衷。

这也是他追求市长长女的动机之一。时年三十八的他心想，如果能成为市长的东床快婿，他就不再单单是个议员而已，仿佛灌顶后额上有乍隐乍现的光。他如愿迎娶年方十七的佳人，这桩婚姻虽然不无政治意味，却出奇的美满，名副其实的夫唱妇随。刚结婚那几年，他督促妻子练字、弹钢琴和唱歌，琴瑟和鸣到她觉得有必要学一学丈夫最欣赏的意大利文的程度。父亲一直都对意大利情有独钟，完成学业时足迹遍及意大利的大小城乡；他亲自教妻子意大利文，师生尽欢。

父亲所继承的财产让他一辈子都不愁吃穿，那个美其名曰皇家议员的职位一点儿也不劳他费心，事实上他完全不必朝九晚五，他的专责是研读诗书，优雅度日。我们千万别以为仕途不顺的父亲把自己窝在家中，任消沉闲散啃啮他的生之趣，变成个阴郁、难相处的老家伙。

潜心钻研法学史，广泛涉猎文学，是父亲生活的主轴，家中的藏书有如一座图书馆，他几乎把17、18世纪出版的百科全书都买齐了。父亲的收藏不止于书籍，还包括地图、地理志、药方、委任状、画像、古老的兵器，有一柜子充满异国情调的玻璃杯、烧杯和高脚杯，都是他在威尼斯旅行时选购的。此外，标本、象牙与铜器也在搜集之列。

父亲收藏的画和艺术品尤其受到法兰克福知识分子和富家子弟的青睐，家中经常高朋满座，画家喜欢在这儿聚会，观赏评论兼交流经验，好不热闹。从他对收藏画作所抱持的态度，约略可以看出他入世的人生观：他认为画和莱茵河区产的葡萄酒一样愈陈愈香，所以主张购买仍然在世的画家的作品，时间一久，新画自然而然流溢着幽幽古意了。

和祖父一样，歌德的父亲也重视孩子的教育，而且不在乎花钱。基本的学校教育之外，他安排歌德兄妹学拉丁、希腊文，时髦的英、法文，意大利文当然不可少，当儿子主动要求学希伯来文时，他不但慷慨应允，而且心生望子成龙的快慰。他非常重视美育，两个孩子都要上音乐、舞蹈课，并且带他们看戏、出席音乐会。1763 年，神童莫扎特风靡欧洲的巡回演出在法兰克福上演时，老歌德带着一双儿女也在座中欣赏。

渐老的父亲不免有些学究习气，掌理家务也染着他严谨的治学风格，他用拉丁文记账，间或夹带法文、德文或法兰克福方言。从巨细靡遗的账本，我们差不多可以用富可敌国来形容歌德的父亲，光是银行一年存款的利息就高达两千七百古尔盾金币；市长的年收入也不过一千八而已。

他活到七十一岁，两次中风为他鲜有风浪的一生画上了句点。

占梦的市长外公

相较于劳力阶层出身的祖父母，歌德的母系家族显然高贵得多，泰克斯妥（Textor）是一个古老且有名望的法学家庭。

歌德的外曾曾祖父任教于海德堡大学法律系，并且是这所古老大学的校长，1689 年法国人攻占了海德堡，他迁往法兰克福，比歌德祖父从法国返回的时间晚了三年。在法兰克福安顿下来后的一年，他开始了市政府常设法律顾问的生涯。

他的孙子，也就是歌德的外公（Johann Wolfgang Textor, 1693—1771），更上一层楼，打破了当时贵族执政的惯例，1747 年以平民的身份荣任法兰克福市的市长。

外公是一个理性自持的人，谨守着平民的本分，于公于私都以朴实为尚，喜欢在花园里消磨时光，甚至批阅公文；他也是个有骨气的人，因为传说他婉拒被封为贵族。

歌德是市长的长外孙，星期天做完礼拜之后一定到外公家共进午餐。外公家庭园宽阔，推开厚重如城墙的大门，穿过窄窄的长廊，就是偌大的花园，葡萄棚围绕着长廊，似锦的花朵从早春盛开到秋天，外公从不让花圃空白。墙边一溜桃树，娇嫩多汁的果实引诱路过的人伸手偷摘，不过孙子们更爱到种满红莓与醋栗的那头吃个痛快。

寡言的外公生活很规律，从不会急得跳脚，全身上下洋溢着一股怀旧气息，他的书架上除了法典之外，游记、航海以及发现新大陆之类的书不在少数，可见歌德心目中和煦似春阳、坚若磐石的外公也有一颗向往澎湃的心。

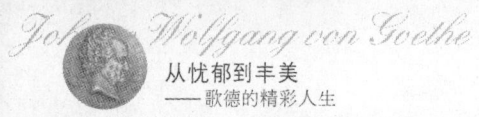

从忧郁到丰美
——歌德的精彩人生

歌德父亲的藏书

然而，最让外孙惊叹不已的，既非他漂亮的花园，亦非他无尽的宠爱，而是他未卜先知的本事。外公会占梦，借由意味深长的梦境来预测可能会发生什么事。这项天赋他只用来推断自己的命运，倒是没有推而广之，成为友侪之间的灵验术士。

当他还是一名年轻的市议员的时候，有一天突然向他的妻子提起，下一次将有可能递补上陪审席的空位。这话说得前不沾村、后不着店，外婆固然乐见美梦成真，但没把外公的话放在心上。没过多久，一位陪审员中风猝逝，举行不记名投票的那一天，外公并未积极游说拉票，反而吩咐家中悄悄布置妥当，准备好要接待上门的贺客。

候选人一共有三位，谁得票数最多，关键的金球就转向那个人；公布投票结果的时刻来临，外公得到了金球！他到底做了什么梦，何以如此笃定？

梦中的外公正在开会，那是一场很寻常的会议，一切按照惯例进行着。忽然那位陪审员站起身来，走下台阶，很亲切地赞美外公的才能，有意无意透露，他应该拿下这个空出来的位子，然后就走出门去了。

外公相信梦境传达的隐秘信息，同时认真地记下自己做过的梦。还要再等一百多年，弗洛伊德的《梦的解析》才引爆精神医学界，所以，歌德的外公想必不太好意思把这些怪力乱神写在一本专用的簿本里，他的园艺笔记里交织着意有所指的梦，而且为了防人窥看，大量使用暗号及密码。他忘了防备他调皮的外孙。在外公家如入无人之境的歌德，曾经无意间闯进外公的书房，发现了这个秘密，他因此更敬爱这位通鬼神的外公。

欢乐写意的母亲

歌德的母亲（Catharina Elisabeth Textor, 1731—1808）虽然是市长的长女，但市长的收入并不多，拨用在子女教育上的极为有限，所以她粗通文字，懂得加减乘除，这些姑且视为结婚的妆奁吧。

母亲十七岁时嫁入歌德家，青春正盛的她不但有丰沛的生命力来撑起一个家，而且有余力在丈夫的精神领域登堂入室。可喜的是她可塑性高，欢乐的性情浸润着她的学习意愿，丈夫鼓励她学的，她照单全收。

拼字一直都是爱写信的母亲常闹的笑话，她奉行"我手写我口"的原则，一口法兰克福方言化做文字，逗趣有余，要通过考试就有点儿麻烦了。

这位随时想在枝头高歌的女子，与严谨的学者丈夫成为一对互补型的夫妻。她在十一年之内失去五个孩子，战火岁月、敌军

歌德豁达开朗的母亲

进驻等等，她一一乐观处之。这种个性影响歌德至深，有时也成为他的助力。

歌德兄妹获得母亲全心的爱，他在莱比锡上大学时，一封写给妹妹康内莉雅的信上曾经即兴写了一首小诗给母亲：

虽然没有问候，虽然没有我的信，
你好久没收到了，但不要怀疑，
在心中，似有儿子的柔情，
这是我欠你的，从我的胸膛
逸出……

母亲写给儿子的信不算少，虽然她自认更爱用嘴说出来。歌德成名后，她忙着在法兰克福的家中接待登门的访客，"往来无白丁"的气氛深得她心。"女士必须出门旅行才见得到德国博学的男人，但这些人全都到我家里来，舒适方便多了。"那个时代出远门既费时又费周章，她曾经明白地表示不爱旅行，所以从来没有去过威玛邦探望独子。这封信中的短短数语，表露了一个母亲的欣慰与骄傲。

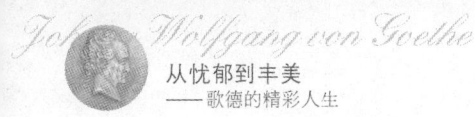

从忧郁到丰美
—— 歌德的精彩人生

歌德母亲放床单被罩的衣柜

歌德自认承袭了父亲认真走过一生的心态，而过起日子来，则可以捕捉到母亲畅快写意的影子。活力四射的母亲喜欢和人闲聊，歌德也以此为基调，情路上屡见惊世骇俗的跳跃。当平凡女子克莉丝雅娜（Christiane Vulpius）与歌德同床共枕又未婚生子，威玛城群情哗然乃至激愤之时，他的母亲坦然接纳了儿子的情人。老天爷给她什么，无论好坏，她向来坦然接受，重点是绝不放弃希望，如此也就无所谓震慑了。

父亲过世后，鹿壕的房子显得空荡荡，母亲明快地处理家产，换房子，拍卖地窖里封藏经年的佳酿，这为她带来一大笔收入。至于藏书，大部分寄往威玛，一部分送给女婿，剩下近两千本也拍卖掉。她以七十二年的岁月大方接受人世浮沉，勇气十足地活着，轻松没入生命的尽头。

3 井中的清影
歌德的妹妹
1750.12.7—1777.6.8

  康内莉雅小歌德一岁，她的哥哥不仅从小和她玩在一起，成长的岁月中，在精神层次上与她也很相知。这对兄妹堪称老天垂怜，他们的母亲一共生了七个孩子，他俩紧挨着来世上报到，所受到的眷顾与祝福与之后出生的弟妹一样，生命力却强韧得多，那五个缘浅的弟妹多则活到七岁，少则熬不过襁褓时期，早早离开了人世。

  在父亲的坚持之下，康内莉雅与歌德一方面上一般小学，一方面又在家里上各种才艺课程，当哥哥被同时进行的几种语文训练搅得晕头转向时，妹妹也没闲着。奶奶为孙子开启木偶戏奇幻世界的大门时，兄妹俩都沉迷在锣鼓喧天之中。无论游戏、撒野或接受人文熏陶，妹妹都与哥哥同甘共苦。

  还有一件事让两人同心同德，那就是每当父亲把他一贯做学问的态度施展开来，整顿家务也要精益求精，而崇尚自由心证的母亲颇不以为然的时候，兄妹俩都站在母亲这一边，同情地聆听母亲抱怨，并且暗中视矢志追求完美的父亲为敌人。

  这两个孩子都喜欢看书，父亲的藏书随他们取阅，以今天的眼光看来，歌德兄妹看了不少超龄的作品。当红的诗人克洛卜施托克（Friedrich Gottlieb Klopstock）的诗集是他俩的课外读物之一，只不过必须瞒着父亲看。他们的父亲与广大的读者们唱反调，不认为自己的书架有《救世主》（*Messias*）的容身之处，"那根本不配称作诗"，他说。

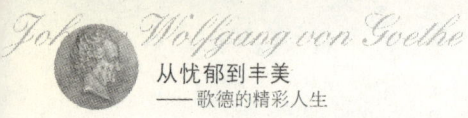

从忧郁到丰美
—— 歌德的精彩人生

梳着流行一时的发髻的妹妹

经常来家中走动,自称不爱看书,却被这本诗集打动了的史奈德议员,趁着一家之主不注意的当儿,偷偷带了一本《救世主》给歌德的母亲。母子三人争着一睹为快,书中高贵的情感、优美的语言,立刻俘获了他们的心。从此,歌德家中进行着一场秘密行动,母亲有意把这本书据为己有,但歌德兄妹先下手为强,一有空便躲在一个隐秘的角落,把最温柔、最激烈的章节都背了下来。正所谓有竞争才会进步,歌德和妹妹比赛背诵书中波西亚的梦,那是一场撒旦与坠落红海的安杜马利(Adrmelech)充满绝望的对话。哥哥扮演狂暴的人,那个比较悲苦的角色就落在妹妹的身上。两位小演员认真排练,声音中注入了相称的情绪,那些诅咒一会儿声势吓人,一会儿又十分悦耳。

他们入戏很深,只要大人不在身边,擦肩而过时,都使用这种特殊的话语打招呼。

那年冬天一个晴朗的星期六,父亲就着傍晚的余晖刮胡子,第二天他好体面地上教堂。理发师为父亲的两腮涂上肥皂的当儿,坐在壁炉后矮凳上的兄妹逮到了机会,轻声咕哝着已经成为惯例的咒骂。

剧情急转直下,安杜马利孔武有力的手抓住撒旦;康内莉雅依样画葫芦,使劲儿抓着哥哥的手,同时低吟台词:

帮我!我求你,如果你要的话,
庞然大物,我崇拜你!败德之人,阴险的犯人,
帮我!我忍受永恒复仇死神之苦!……
以前我能够激昂、剧烈地恨你!
现在我再也做不到了!这也是锥心的不幸!

妹妹虽然尽量压低嗓门，但一搭一唱的张力为她的热情加温，就在"噢，我多轻率！"脱口的刹那，魔音穿过理发师的耳膜，他像一匹受到惊吓的马，慌乱中抬起前腿，把一缸肥皂水浇到父亲的胸膛上。屋里一阵骚动，被害人立刻下令展开地毯式搜查。

办案的父亲锁定歌德兄妹为目标，小嫌犯强调绝非故意捣蛋，方才只不过正在假扮恶鬼罢了。

"搞什么鬼呢？"父亲逼供。那本大受欢迎的诗集在厅堂里嗡嗡作响，老歌德无奈地摇摇头，宣布两名被告无罪开释。

有一件事歌德与咱们的苏东坡有志一同。苏大学士爱拿苏小妹的额头开玩笑："未出堂前三五步，额头先到画堂前；几回拭泪深难到，留却汪汪两道泉。"歌德也对康内莉雅的长相有些意见，尤其看她的额头不顺眼。当时年轻女孩流行把头发全部往后梳，做哥哥的觉得妹妹的额头本来就太高凸，恣意展露的结果是额头似乎无限制地扩充地盘，一发不可收拾。在这种情况下，很不幸的，两道浓眉和黑眼珠与大张旗鼓的额头形成对比，乍看之下，"就算吓不了人，也吸引不了谁"。

妹妹有一双漂亮的眼睛，当她赞美别人或者特别开心时，灵魂之窗就闪闪发亮。她和别的女孩不太一样，多数女孩擅长在表情达意上下工夫，刻意修饰出温柔、渴望以及欲言又止的模样，而康内莉雅的眸子所放射出来的光源于她的心灵，完整且丰富，仿佛她只想给予，无须接受。

得过天花的哥哥自傲于光滑的皮肤，妹妹却为不时冒出来的青春痘所苦。从小女孩蜕变为少女，康内莉雅很清楚外表不是她的强项，她在意的是自己内在的修为。她有如倒映在井水中的一泓清影，微风吹拂，刚上身的尘埃轻扑扑飞走了。

腹有诗书的歌德小姐虽然不缺朋友，但当其他女孩初尝爱情滋味时，她的身边鲜有追求者。延续小时候的习惯，她当哥哥的跟班，并且是哥哥最信赖的爱情顾问兼情伤治疗师。他俩分别在茫茫人海中寻找灵魂的伴侣，却又希望自己是对方唯一的知己；所以，倾听哥哥细诉相思，陪着他泪眼迷离的妹妹，面对哥哥情场失意，免不了幸灾乐祸一番，而哥哥若察觉妹妹对他的意中人有些吃味儿的话，也竟然有几许欣慰！

这么好的姑娘居然找不到护花使者，哥哥真不服气，德国男子全都瞎了不成？歌德小姐比较沉得住气，因为她欣赏的异性必须有内涵又不乏味，有心追求她的人，别以为朦胧的月光就能让她意乱情迷！

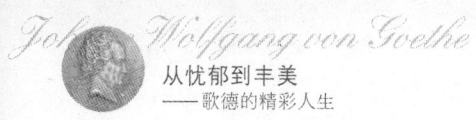

从忧郁到丰美
—— 歌德的精彩人生

那个人儿千呼万唤始出来。歌德认识一个在旅馆工作的英国人,这位青年名叫亚瑟(Arthur Lupton,1748—1807),长他一岁,来自英国手帕制造业重镇里兹。亚瑟离乡背井不是没有原因的,彼时的法兰克福人喜欢用英国制的手绢,而他家开设纺织厂,同时也从事手帕贸易。他的父亲送他来法兰克福,一来学德文,二来寻找商机;他刚好在歌德家经营的旅馆见习,很快就交上了歌德这个朋友。

亚瑟不但和歌德相谈甚欢,对于他所提出的英文语法问题也应付自如,不像很多人那样,对于自己母语的结构或文法等说不出个所以然。生动的解说之外,他还奉送大不列颠的风土人情,强力促销英伦三岛的观光行程,因此成为歌德家中的常客,连老歌德都喜欢这个年轻人,戏称他为"英国小花冠"。

每逢亚瑟到歌德家来,妹妹理当也在座上,兄妹俩学他的腔调,复制他的句型;用一种外语来谈恋爱,或许反而能扫除一些障碍?这回,哥哥成了局外人,因为他不认为亚瑟会看上他那总是额头先跨进门槛儿的妹妹!

情意静悄悄滋生,当一切再也藏不住时,是那样的猝不及防。年方十四的康内莉雅与亚瑟日渐熟稔,打心眼儿里欣赏他的长处,而亚瑟受之无愧。现在,语言交换是个幌子,哥哥的学习动机无疑比妹妹纯正,而他也从亚瑟卖力学德语但效果不彰看出了一点儿端倪,因为所有的韵事,文字或口语的,那家伙仍然仰赖英语。

话说回来,这两人真般配。亚瑟高而结实,康内莉雅身材纤细。亚瑟的脸盘小而窄,如果那时已经发明了照相机的话,肯定十分上镜头,只可惜小时候出天花,脸上留下了几个痘痕。他个性沉稳,心里怎么想,嘴上就怎么说,难怪有人说他不懂技巧、冷冰冰。但了解他的人都知道,他胸襟开阔,对有兴趣的事物具有持之以恒的耐力,果断而且冷静。这不也是康内莉雅的写照吗?

小妹陷入热恋,哥哥松了一口气。

那年夏天,一群朋友常去划船。这群友人中,成双成对者有之,形单影只的也不少。有一天,一个和歌德一样无佳人做伴的朋友突发奇想,提议大伙儿玩交换伴侣的游戏:愿者自动拆伙,参加配对抽签,以八天为期,八天之后,合则留,不合则恢复旧观。

觉得交换伴侣有趣的人,半开玩笑另结新欢,康内莉雅和亚瑟属于不轻言别离的一对儿,决定留在彼此的身边,管他乱点鸳鸯有多好玩。从这个插曲可以看得出来,小两口真心相待。

可惜的是，这段情事如何结束，或者为何中断，我们无从得知，仅知亚瑟在法兰克福一共待了四年，离开时并未与她道别。

歌德在莱比锡上大学的那些年，老歌德对女儿施以严格的训练，学语文之外，要花很多时间弹钢琴，还需练字。父亲立下的规矩多，执行起来一丝不苟，没得商量。女儿看似乖顺，其实心里十分苦闷压抑。

她是严谨与柔和兼具的混合体，个性神秘，令人难以捉摸，固执之余又肯让步，有时她的特质整合为一，有时却因意志和爱好而各自独立。

哥哥从韦茨拉尔（Wetzler）回家时，妹妹孤寂的身影令他心惊，也就是在这个时候，施洛塞（Johann Georg Schlosser, 1739—1799）闯入她的心扉。施洛塞也是歌德的朋友，长他十岁，他向歌德吐露心事：他与康内莉雅之间从友谊转为爱情，希望快快找到一份工作，以便迎娶歌德小姐。

康内莉雅二十三岁结婚，跟着夫婿施洛塞先到南德的巴登（Baden），后来落脚于德瑞边境上的埃门丁根（Emmendingen）。她不是快乐的新嫁娘，才一个月就在信上抱怨："不仅我所有的希望、所有的愿望没有实现——而是过高，太高了。上帝爱谁，他就会给她这样一位男子。"看来她优秀的丈夫并非她怨怼的对象，而是婚姻本身。

生第一胎时，康内莉雅与死神擦肩而过，静养了两年才恢复生气。母亲的角色并不能满足她，"这意味着什么，身为妻子与母亲要躺在床上两年之久，连穿双袜子都办不到……"

在那个偏僻闭塞的地方过着寂寞的日子，她变得体弱多病，不知是否是心灵上的荒凉使然，她非常厌恶做家事，她的丈夫如此形容："每吹一阵风，每滴一滴水，都把她封锁在房间里，地下室和厨房更让她避之犹恐不及。"

两年后她再度怀孕，在一封信上表示："我用一个除了走进坟墓别无用处的头脑匍匐穿过这世界。"二女儿出生才四个星期，康内莉雅便撒手人寰。

遭逢巨大变故时，歌德向来有无言的倾向；失去唯一的手足、自幼至长的挚友，他也选择沉默以对，只在几封信上提起妹妹的死讯。

噩耗传来那天，他在给密友冯·史丹夫人的短笺上略述他的心境："八点钟我在花园里，觉得一切都好，也愉快，一个人散着步，间或看一点儿书，走来走去。九点时我收到一封信，我妹妹死了。——我现在无话可说。"

十二天以后，他才执笔写家书，安慰骤失爱女的母亲："带给我们剧烈痛苦的大自然，我只短暂任它摆布，但它让我感受悲伤的时间却久长。"他劝母亲好好地活下去，照顾父亲，又请她代他问候可怜的妹婿。

歌德推估康内莉雅的性情和好恶，以为修道院院长才是适合她的角色，

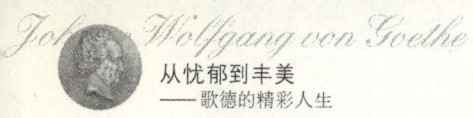

康内莉雅的房间，左为钢琴，墙上挂的是歌德兄妹的画像

继而猜想，假设某个高尚的协会邀她担任主席的话，她大概不太会拒绝。事实上，那才是她热情的所在。这世界认定一个女子非拥有不可的，譬如丈夫和子女，她并不神往。换言之，她是个精神胜过一切的女子，婚姻生活的实质徒然使她觉得不堪。

康内莉雅以二十七岁芳龄匆匆告别人间，可是一种解脱？

4　我本将心托明月
歌德情窦初开
1764—1765

　　十五岁的少年歌德是个写手，他从小就爱涂涂写写，八岁时赋诗一首，祝福外公新年快乐，十岁时自视为诗人。他会写，十四岁小试身手，致函法兰克福文学暨道德联盟，申请加入为会员；这封信辞藻繁复，婉转迂回，看得出来他的笔游走其间，毫无滞碍。

　　早在小学时代，他就在父亲的安排下，参加一个写诗的聚会；星期天上教堂，陪外公外婆吃过中饭之后，就去聚会磨笔尖。

　　上课时大家把在家写好的诗念出来，由老师讲评，同学们彼此观摩。歌德深信文章是自己的好，很在意自己的表现。根据他的观察，其他男孩搜索枯肠，但翻来覆去就是那三两句话，既缺乏意境，修辞上也呆板单调。只有一个人例外，每次他交出来的作业得分都居全班之冠，大家莫不赞美他有一支生花妙笔。

　　可是这个年纪与他相仿的男孩满脑子骑马打仗，简直沾不上诗情画意的边儿；实在难令人服气。有一次他和这位同学交换秘密，原来那不是出自同学的手笔，高难度的押韵全由家庭老师代劳。

　　他苦恼了好一阵子，被这复杂的事实弄迷糊了，但他不愿意一状告到老师那儿，写诗时心里五味杂陈，不知所云。

　　有一天，老师和陪同的家长要全体小男孩即席创作，公平竞争的时刻终于来临，歌德一扫多日来的郁结，不但挥笔写出一篇有模有样的习作，顺利

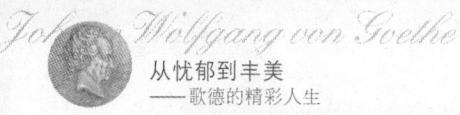

从忧郁到丰美
——歌德的精彩人生

歌德父亲图书室的迷你窗

通过了考验，还赢得不少掌声。

从此他找回了自信。他的作文常在街坊邻居之间传阅，一位名叫皮拉德斯的同学就爱读他的作品。

这一天歌德正在圣加伦城门（Sankt-Gallen-Tor）的大道上散步，皮拉德斯迎面而来，招呼才打完，他说："我还是像以前一样喜欢你写的诗，我把你最近给我的那几首诗念给几个小伙子听，没人相信是你写的。"

"算了吧，写诗是为了取悦自己，至于别人会怎么想或者说什么，随他们吧。"

真巧，皮拉德斯口中的小伙子正从一条巷子里钻出来。三个人闲扯了一会儿，皮拉德斯忍不住对那人说："这就是你不相信会写出漂亮诗句的那个人。"

"希望他不介意，"小伙子答道，"等到我们相信时再告诉他，也是一种赞美呀。能写出那样的诗，他一定读过很多书吧？"

皮拉德斯接着说道："要说服你们一点儿都不难，随便给他一个题目，他马上就能写成一首诗。"

小伙子问歌德能不能揣摩自己是一个害羞的少女，把一封情书化成曼妙的诗句，向她的心上人表白？

"简单之至！只要给我纸笔就办得到。"歌德回答。

那人拿出他的袖珍日历，撕下几张白纸，歌德便坐在一张板凳上写将起来；那两个人四下走动，却是不离他的视线。他的思绪漫游着：一个可人儿看上了他，意欲借一篇抒情散文或诗歌来吐露心声……他迫不及待要表达爱慕，不消多时就完成了一首语带天真的诗。

当他朗读刚出炉的作品时，原先存疑的小伙子惊喜万分，颜面有光的皮拉德斯随着诗句跳起舞来。小伙子问歌德，可否把诗抄在袖珍日历上？他心满意足告别时，提议以后要多聚聚，于是他们约定过几天到乡间走一走。

有好几个人临时加入这支远足的队伍，都是些出身较低、脑筋灵活的青少年。这些人为了生计，帮律师抄写，为低年级的同学补习，也为即将接受坚信礼的大男孩复习宗教课程，有时候为掮客或商人跑跑腿，到了晚上，尤其星期天和放假的日子，也不忘找些乐子犒赏自己。

一群人在前往乡间的路上盛赞上回歌德写的那封情书，坦承他们假造了签名，寄给一个自以为了不起的年轻人。现在，这个人的心情腾云驾雾，因为他以为寄信给他的那个女孩，果真爱上了他；他可暗恋她好久啦。

他们又告诉歌德，这个乐坏了的家伙别的都不想，但求和诗一首作为回应。但是，谁有这个能耐呀？

这个玩笑对歌德而言并不过分，他同意拔刀相助，只要他们告诉他两位主角的性情好恶等等，回家之前就可以交差。

几天之后，皮拉德斯力邀歌德和同班人马一起吃晚饭，收到情书的那个人打算好好谢谢这位优秀的诗人秘书。他俩到得较晚，食物很简单，酒也普通，一桌子人都在揶揄已经有几分醉意的东道主。那封文情并茂的情书他念了又念，但没有人相信是他自己写的。

不久歌德就听腻了这些，心想这个晚上大概泡汤了。有人嚷嚷着要添酒，一个女孩走进来，美人轻启朱唇："服务生生病了，我能为各位效劳吗？"

有人说："酒喝完了，如果你拿几瓶酒给我们的话，那就太好了。"另外一个人说："去吧，葛蕾卿，才一点点儿路。"她爽快地答应了，收起桌上的空酒瓶，快手快脚走了。

从背后看，她的身影更显窈窕，戴着一顶小巧的帽子，秀气的头颅下接修长的颈子和优雅的肩膀。她身上仿佛精雕细琢，静静地观察她的体态，那双沉着可靠的明眸及可爱的嘴型益发吸引人。

如此标致的姑娘于夜半时分独自去沽酒，歌德忍不住责备贪杯之人，桌上爆发一阵大笑："对街就可以打酒！"看到葛蕾卿回来，他才放心。有人邀葛蕾卿喝一盅，她大方地坐了下来；他多希望她就坐在自己身边哪。

葛蕾卿举杯祝福众人健康，离去前提醒他们不要待太晚，"千万别太大声；掌柜的母亲已经歇息了，"她说。

从这一刻开始，她的模样如影随形。十五年来第一次有女子驻留心上，但他找不出任何登门造访的理由。忽然心生一计：教堂里或许看得到她？佳人竟在座中，冗长的礼拜进行的当儿，幸运儿歌德百看不厌。

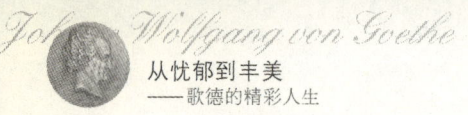

走出教堂时，他不敢趋前攀谈，更缺乏陪她走一段路的胆子。葛蕾卿认出了歌德，轻轻点头致意；他觉得幸福无比。他简直无法多等，真想再靠近她一点儿。

朋友口中那位自负的年轻人，以为情书已经寄到了心上人的手中，此刻正热切期待对方的回音呢。这个所谓的回音当然还得诗人秘书歌德代作，皮拉德斯因而再度现身，鼓起如簧之舌，要歌德祭出妙语和技巧，女方的回信务必我见犹怜，而且前后呼应才行。

啊，他有机会见到她了！他立刻拿出纸笔，满脑子都是葛蕾卿，纸上铺展着她的一颦一笑；如果有一天他收到葛蕾卿写来的信，一字一行净是相思与倾心……忘情的他纸上飞扬，直到有人提醒他时间差不多了，这才搁笔。

兜里装着余温尚存的情书，歌德来到那间熟悉的客栈。出乎意料，只有一个小伙子在那儿，葛蕾卿坐在窗边纺纱，掌柜的母亲则忙进忙出。

葛蕾卿请歌德把那封信读出来。读信的时候，他难掩真情，葛蕾卿似乎心神不宁，双颊染上浅浅的红晕，他的语调顺势平添几分活力，仿佛帮她把他希望听到的悄悄话都说了出来。

也在一旁听着的葛蕾卿的表弟建议修改几个句子。歌德不由得佩服，因为那几句主要以此刻正在纺纱的佳丽为主诉对象，而非那位名满全城的姑娘；表弟看穿了他的心事吗？他尝试稍作修改，桌上放了一张偌大的石板，他写了又擦掉，如此数个回合。

"不行！"他不耐烦地叫道。"这样更好！"葛蕾卿与他看法一致，她的声音很稳重，"我希望一个字都不动，你不应该做这样的事。"

她走到桌前，展开一场理智且友善的训话："这件事看起来像个无伤大雅的玩笑；有几个年轻人倒是因为开玩笑落得狼狈不堪。"

"我应该怎么办呢？"歌德没了主张，"信写了，他们又叫我修改一下。"

"听我的话，改都别改。你把信拿回去藏起来，立刻离开，请皮拉德斯出面摆平，我也会帮忙说话。你瞧，那个女孩比我还可怜，投靠亲戚过活，她的亲戚虽然没什么不好，但为了利益难免铤而走险。我没按照他们说的，把那封信照抄一遍，因为我实在怀疑他们的动机。你是个出身良好的青年，不愁吃穿，不必受制于他们，为什么要变成他们的工具呢？何况那不但不是好事，恐怕还会引起无妄之灾呢。"

素来话不多的葛蕾卿长篇大论，歌德听了满心欢喜，对她的好感直线上升，他不再是自己的主宰，喃喃说道："我并不像你想的那样自由，再说，我得不到希望拥有的，富裕又有何用？"

她把那张草稿拿过去，低声念了起来，迷人极了。"写得真美，"接着又说，"可惜不是为了一个比较好的目的。"

"我求之不得！"歌德大声地说，"能从所爱的姑娘那儿收到一封这样信誓旦旦的信的人，该有多幸运！譬如说，有一个珍惜、尊重、崇拜你的人，捎来这样的一封信，迫切、衷心又友善地求你，你会怎么做呢？"说着，他把信纸推到她面前，她立刻又推了回来。

她微笑沉思了片刻，提起笔来签下自己的名字。

歌德兴奋得不知如何是好，跳起来想给她一个拥抱。"不可以亲吻！"葛蕾卿说，"太落俗套了；但是，爱，若是可能的话。"

歌德取回信，放进口袋里，脱口而出："谁也别想拿走，这件事到此为止！你救了我。"

"趁着其他人还没来，你赶快走吧。"

但歌德不想离开她，她握着他的手殷殷苦劝，眼中闪着流动的光。强忍着泪水的歌德将一张脸埋在她的手掌中，旋即抽身，他从未如此混乱过。

回到家后，歌德把那封信念了起码一百遍，仔细看那签名，印上无数个吻，又把她的签名贴在心上，为她情意流转的表白狂喜不已。他愈是狂喜，见不到她，不能和她谈心的痛苦也就愈漫天盖地，他担心葛蕾卿的表弟会怪她多管闲事，至于可以为他通风报信的皮拉德斯，一时间还不知道上哪儿找哩。

星期天在煎熬等待中来临，歌德决定去那群朋友常出没的地方转一转。出乎他的意料，那些人非但没有恶言相向，或者根本不理睬他，反而比平常还要和气，甚至拉着他的手解释："你可跟我们开了一个大玩笑，气死人了。你临阵脱逃又把信带走，倒教我们看清楚了这件事。今晚让你请客，权充和解。"

糟糕，歌德摸摸口袋，他身上的钱充其量只能请一个人吃饭，要为这些不知节制的人付账，银子还真不够呢。接下来发生的事更让歌德惊讶了，他们不但没有大吃大喝，反而自付酒钱。大伙儿不忘奚落他一番，其中一个年纪较小的人提议移师门廊，待大家重新坐定，他再度发言："上回你把信带走之后，我们好好想了一下，觉得我们的行为损人不利己，滥用了你的才华，实在没啥意思。瞧，有人指定我们提供婚礼和葬礼用的诗各一首。"他接着强调，挽歌交稿的时间迫在眉睫，婚礼要用的诗还可以等上八天；假使歌德接下这个于他而言易如反掌的差事，之前的不快就一笔勾销了。

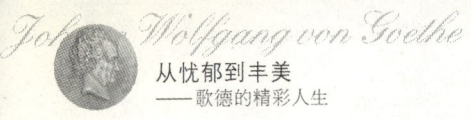

从忧郁到丰美
—— 歌德的精彩人生

　　这个点子深获歌德喜欢，他很早就开始为各种场合写诗，他的作品很被看好，每星期都有人请他写诗，尤其是有头有脸人家举行婚礼时，他的作品必定在宾客间广为流传。现在他有机会一展身手，有何不可！

　　才写了几行，他已不胜酒力，糟了，今晚无法交差。朋友们说没关系，又告诉他挽歌的稿酬够他们再欢聚一场，所以，明天晚上再交也无妨。"加入我们吧，葛蕾卿也会来哟，这其实是她的点子呢。"歌德听了，欢喜自不在话下。

　　就着回家路上的夜色，他的诗兴遄飞，临睡前写下完整的一首诗。他满心期待第二天晚上的聚会，等不及天黑就来到那栋小屋子。

　　大伙儿摆开龙门阵，有人高谈讨生活的方法，有人阔论致富的捷径，歌德听得津津有味。话题一转，皮拉德斯说起他钟情的一个女孩，哥儿们都依照自己的经验献策，轮到歌德谈人生计划时，皮拉德斯抢着说："说个故事来听听吧，就像此时此刻发生在你自己身上那样。"

　　正在纺纱的葛蕾卿站起身来，像往常一样坐在桌子的下首。桌上有几个空酒瓶，歌德在微醺中编起故事来，葛蕾卿的手臂垂放在桌边，专注地听着，和着故事的内容时而点一下头，时而嘴里喃喃低语，若说书人一时打住，她就为他接上应急的桥段，然后娴静一如平常。歌德的眼光始终驻留在她身上，他的未来不可能没有她；听众寻章摘句，分辨不出那些情节究竟属实还是虚构。自编自导的歌德无可救药地陶醉其中，以为自己虏获芳心，不禁目眩神迷。

　　有人问他是否和皮拉德斯一样，将来会娶故事中的女主角为妻？

　　"我完全没把握，同时又信心十足。"歌德说，"事实上我们每一个人都需要一个女孩为我们守护家园，让我们尽情享受以奇妙方式拼凑起来的人生。"接下来他描绘心目中妻子的形象；如果大家没在其中找出葛蕾卿的轮廓的话，那就太不可思议了。

　　这以后歌德几乎每天都和这些人碰面，他只想待在葛蕾卿的身边，然而她总显得若即若离，从不与谁握手，猜不透她到底在想什么。歌德写作或朗诵诗篇时，她偶尔会坐过来，把手放在他的肩上，望向书或纸上的字，一旦歌德有意复制那份亲密，她旋即退缩，并且好一段时间不再出现。

　　有一天，歌德和葛蕾卿的两个表弟乘船到法兰克福城外的赫斯特（Höchst），近午时分抵达，他们决定先填饱肚子再说。在一家餐馆坐定之后，一个长他们几岁的人与表弟打招呼，并且坐到他们这一桌。这个人来自邻近的梅因兹（Mainz），看起来很讨喜，自然亲切。就在回程的船上，他说正在找工作,问身为市长外孙的歌德是否能为他美言几句。

几天过后,两位表弟为这个人说情,拜托歌德向他的外公推荐这个年青有为的人。他们说:市政府不是有一个中等职位出缺吗?如果那位新朋友能得到这份差事的话,可不是三生有幸。

一开始歌德推辞再三,理由是他从未做过这种事情,最后他被两人的连珠炮给说服了,答应姑且一试。其实他不是没看过外婆或者阿姨在外公面前帮某些人说好话,而且总能起些作用;在这个环境里长大的他,想来也有一些影响力吧。为了朋友,歌德接下了那封求职信,决定克服羞赧,亲自交给外公。

星期天,歌德照例与外公外婆共进午餐。餐后外公到花园去,秋天即将来临,要打理的东西真不少,外孙在一旁当助手。几经犹豫,歌德终于把那封信递上前去,外公看过之后问他是否认识这位青年,他简单地叙述了一番,请外公不必把它当一回事。

"如果他有能力,又有一张好文凭,我倒是愿意帮他忙,这也是为了你好。"外公没有多说什么。好长一段时间过去了,这事似乎没有任何进展。

他仍然时不时踏进那间客栈的门,近来葛蕾卿不再纺纱,反而做起一些针线活儿来。寒冬迫近,日照的时间缩短了,光是欣赏她拈针的模样,这一天就足以消磨了。一连几天她都不在房里,歌德又无从打听她的芳踪,急得不知如何是好。

这天歌德的妹妹康内莉雅要参加一场舞会,她要求哥哥帮她去服饰店买花;花儿是修道院种的,小巧秀丽,她最喜欢桃金娘,小蔷薇等等也不错。歌德来到他常陪妹妹光顾的这家服饰店,刹那间一个坐在窗边的女孩吸引住他的目光,女孩的头上戴着一顶小尖帽,罩着一件丝绸披巾,全身上下流露出浓浓的青春气息。

她应该是店里的助理,因为她正忙着把丝带和丝线缝进帽子里。

女店东展示各种花朵给歌德看,他一面挑选,一面瞥向窗户那儿。咦,这人多像葛蕾卿呀,到后来他说服了自己:那人就是葛蕾卿。当女孩的眼光飘向这儿,他确定了自己的揣测,因为葛蕾卿正暗示他别张扬呢。

心神不定的歌德简直没办法为妹妹挑选漂亮的花朵,店家的建议他都不采纳,比女孩儿家还啰唆!他真的不知选什么才好,拿不定主意,不过他又为自己踌躇的态度窃喜,因为这样他才能近看数日未见的可人儿。他虽然不喜欢葛蕾卿突然之间变了个人似的,但令他神魂颠倒的,恰巧就是这种神秘感。

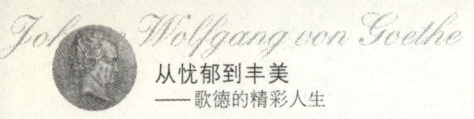

女店东终于受不了这位举棋不定的客人,亲手为他装了一整盒的花;妹妹应该会满意,歌德心想。

回到家后,爸爸告诉他约瑟夫二世的加冕典礼即将于法兰克福举行。这个消息使他振奋,他勤快地阅读相关书籍,热烈参与城里举行的每一项活动,除了他自己有兴趣之外,他这么做全是为了葛蕾卿。她和法兰克福全城的人一样,为这百年难得一见的大典感到兴奋不已,歌德家就在市中心,他权充她的眼睛和耳朵,把所见所闻巨细靡遗转述给她听。

转眼已是3月底,这段日子以来,歌德忙得不可开交。在家里父亲有查阅不完的资料要他抄写,户外则有看不尽的烟火,当然还有日渐迫近的加冕典礼。葛蕾卿最希望亲眼看见的,是历代王室的珠宝,于是歌德答应她那天一起去欣赏;两人又聊到年轻的国王最近试穿过的长袍与皇冠,几乎等不及要看到那个华丽庄严的场面。

聊着聊着,等到他们回过神来,已是半夜时分,歌德发觉自己忘了带钥匙,除非他惊醒全家人,否则休想踏进家门。怎么办呢?

葛蕾卿不赞成他贸然赶夜路,两个表弟和其他的客人虽然也这么想,但谁也不知道该到哪儿过夜才好。

众人达成协议留在客栈里之后,葛蕾卿去煮咖啡,又张罗来一盏黄铜制的油灯,接替即将用罄的烛火。咖啡让大家保持了几小时的清醒,随后睡意爬了上来,慢慢地没有人讲话了,掌柜的母亲在沙发上睡着了,而走了一天路的其他客人这里那里打着瞌睡。皮拉德斯与他的女友坐在一个角落里,女孩枕着他的肩膀睡着了,他也很快沉入梦乡。

窗角一张桌子的后方,是歌德与葛蕾卿暂时栖身的所在,两人起先轻声说着话,但她的头愈来愈低,倚在歌德的肩上沉沉睡去。现在,歌德是客栈里唯一醒着的人,而他多么珍惜自己的处境呀!他的眼皮垂了下去,醒来时屋外阳光灿烂,葛蕾卿正站在镜子前戴正她的帽子。她比往日热络,告别的刹那,她甚至捏了捏他的手。

老歌德大兴土木重建鹿壕的宅子时,特意请工人在墙里凿了一个迷你观察窗,尽管左邻右舍频频抗议,但他的一双儿女若在外厮混得很晚,偷偷回家时绝对难逃他的鹰眼。所以,歌德必须绕一点儿路,才能蹑手蹑脚穿过大门。

母亲一向宽大,那天早晨喝茶时不见歌德人影,她告诉丈夫儿子起床后就出门了;夜不归营,幸好有母亲护航。

期盼已久的加冕典礼终于来临,1764年4月3日,天气和暖,全城的人喜气洋洋。托外公之福，市政广场上为歌德及其亲友保留了视野极佳的楼上座位，典礼进行时他将不会错过任何一个步骤。

美酒佳肴任君取用，人潮汹涌，想吃烤牛肉的长龙绕了又绕。歌德和葛蕾卿约好了要一起度过这个五光十色的夜晚，皮拉德斯偕同女友也来了。夜幕低垂，城里每一个角落都闪烁着耀眼的灯火，歌德挽着葛蕾卿的手走过一条又一条马路。欢快的气氛让他们胃口大开，就近找了一间温馨的餐馆，走进去才发觉他们是唯一上门的客人，因为所有的市民都在街上闲逛。

这天晚上他们主要待在餐馆里，浓郁的友情，芬芳的爱恋，心上仿佛有一只鸟儿引吭高歌，振翅飞翔。歌德陪葛蕾卿回家，到了家门口，她在他的额上印下轻轻的一吻。

第二天清晨，歌德还未起床，气急败坏的母亲走进他的房间，一副心事重重的样子。

"起来，"她说，"准备挨骂吧。你交了坏朋友，这下子我们都知道了，那帮子人把你卷进最危险、最恶劣的勾当。爸爸气炸了，我们只求他通过第三人来调查这个案子。你给我待在房间里，等着看好戏。史奈德议员一会儿就来，爸爸拜托他，官方也委托他来处理；这件事再不解决的话，恐怕像滚雪球一样，继续恶化。"

当下歌德不明就里，只觉得家人小题大做，唯一悬在他心头的，是父母亲若知道他这段时日常在外头鬼混，不知会多生气呢。那位曾经帮他们夹带《救世主》的史奈德议员终于来了，一脸焦灼，抓住歌德的手说："为了这种事情来府上，我真是过意不去啊。没想到你这么糊涂，但是，交友不慎，像你这样涉世未深的年轻人很容易铸成大错呀。"

"我不知道自己犯了什么罪，除了和不良少年玩在一起之外。"

"现在不是耍嘴皮子的时候，"史奈德打断他的话，"我们在调查，而且要从你这儿取得诚实的自白。"

"你们想要知道什么？"

史奈德站起身来，拿出一张纸，然后开始发问："你有没有推荐一个人给你的外公？"

"有。"

"你们怎么认识的？"

"散步的路上。"

"还有哪些人？"议员追问。

歌德愣了一下，他不想出卖朋友。

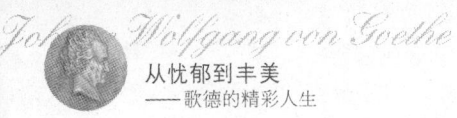

"沉默是没有用的,因为我们已经掌握了足够的证据。"

"什么证据呀?"歌德问。

"这个人是他的同伙介绍给你认识的。"议员的嘴里吐出了三个他听都没听过的名字,"你不认识这几个人,也没有常跟他们在一起,对吗?"

"压根儿没有,"歌德接着说,"我不认识那个向外公谋职的人,这三个人我也不曾见过。"

"你不是经常到科隆街吗?"

歌德说他从未去过。这与事实不完全符合,他曾经陪皮拉德斯去科隆街找过他的女友,但那次他俩打从后门进去,而且只在花园里的工具间待了一会儿。他因此认为自己大可支吾其词,因为他的确没有去过那条街。

史奈德议员又问了许多问题,他一一否认,直到这位老好人动了气,说:"你愧对我对你的信任和好心,我来,是为了帮你。如果我说你帮这些人,也就是他们的同谋写信、做文章,他们乱搞,而你推波助澜,这你应该无法否认吧?我是来救你的,这件事牵扯到一大堆仿制的笔迹、伪造的遗嘱、对调的借据,还有其他乱七八糟的东西。我不只以你们家朋友的身份来这里,我是官方派来的,来保护你和你们家的名誉,就连那些引诱你做坏事的青少年,我也想伸援手。"

奇怪的是,史奈德提到的那些名字,歌德一个也没听说过,整体上虽然兜不起来,但似乎彼此有某种关联,以至于他没法全力掩护他的朋友。老好人节节逼近,歌德只好招认有几天很晚才回家,他知道如何溜进家里……好几次他和形迹可疑的人出入不正经的场所,好像有女孩子被卷进来……

绝对不可泄露那些人的名字!这给了他勇气,在接下来的时间内闭紧嘴巴。

议员见他不肯吐实,改采柔性策略,"你不会希望我走吧?这件事不容耽搁,一旦我走,马上就会有另外一个人来,他可不会给你这么多迂回的空间。你不要太固执,反而把事情搞砸了。"

此刻,那两位善良的表弟,尤其是葛蕾卿,仿佛就在歌德的眼前;眼睁睁看着他们被捕、受审、受罚、受苦,而他束手无策。一个念头闪过:那两个善良的表弟倒是有可能涉案,年纪稍长的那个,歌德一向看他不顺眼,而且他总是晚归,嘴巴不干净。

再一次,到了嘴边的话他硬生生吞了下去,只说:"我个人不知晓任何不法的行为,没啥好担心的;但我认识的那些人涉嫌违法之事,倒也并非不可能。或许你们想要将之绳之以法,我没什么好抱怨的,但也无从指责他们,因为他们都很友善，对我很好。"

史奈德不等他把话说完，激动地说："没错，我们会找到他们，这帮坏蛋习惯在三个不同的地方聚会。"他提了那些街道、酒馆，歌德听到他经常造访的那间客栈；真不幸啊，他想。

"第一个巢穴已经捣毁，这当儿其他两个也快破获了，再过一两个钟头一切就水落石出。写一份诚实的自白书，你大可省下法庭上的盘问和对质，以及所有想象得到的不愉快的事情。"

史奈德具体形容了他口中"第一个巢穴"的外观与地址。歌德暗叫一声不妙，这才明白，他打死不说实际上一点儿用都没有。于是他快步上前，把已经移步门边的史奈德请了回来，"坐，坐，我都告诉你，只有一事相求，你不可以怀疑我的诚信。"

他一五一十叙述个中细节，一开始强自镇定，那些人、那些个把酒言欢，点点滴滴从记忆的匣子跳出来，他所领略过的无邪的欢乐，现下竟然成了呈堂的证词！他感到无以言喻的痛，眼泪几乎夺眶而出，悲伤的浪涛无情地打上来。

史奈德希望歌德和盘托出，不要保留，见他如此伤心，还以为他情急之下打算承认自己曾经轰轰烈烈干了一票。他婉言抚慰，然而所提出的问题却使这个他看着长大的少年激动万分，既愤怒又伤心。盘问终于结束，歌德没有隐瞒什么，而且也不必害怕；他是清白的，出自良好家庭，又有人保荐。那些人的境遇就大不同了，即使无辜，恐怕也无人出面担保。

如果那些朋友不如他好运，没有人肯原谅他们的愚行和犯下的错误，因而受到严厉乃至不公平的惩罚的话……歌德扬言，他也不想活了，真到了那个时候，谁也阻止不了他！

史奈德再次试着让他平静下来。老友离开以后，他手足无措，责备自己全招了，那些孩子气的行径，轻狂的举动和小秘密，看在别人的眼里，大概和他自己的解读不太一样吧？他把皮拉德斯也扯了进来，他会不会锒铛入狱呢？

种种臆测有若连环套，他的灵魂困在其中动弹不得，一点儿刺激都成为重重的一拳，彷徨的他不知如何是好，四仰八叉躺在地上，任由泪水浸湿地板。

这一躺不知有多久，直到康内莉雅走进来。哥哥的模样吓坏了她，又捶又打的，他总算重新振作了起来。她告诉哥哥，父亲陪一位市政厅的人坐在客厅里，都在等史奈德回来；关起门来讨论了许久，两位先生分别离去之后，看起来他们都很满意，因为谈话时还发出笑声呢。

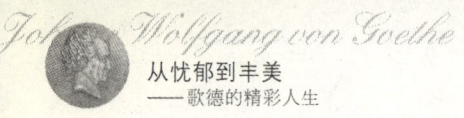

从忧郁到丰美
——歌德的精彩人生

"真好，没事了。"妹妹松了一口气。

"我当然没事，我可没犯法，就算误触法网，也会有人出面缓颊；但是那些人，那些人！"他提高嗓门，"谁站在他们那一边？"

康内莉雅试着解释，好家庭的孩子有人出面奥援，至于其余出身较差、做错事的人，还是有人帮着涂脂抹粉的。

这番话一点儿用也没有，妹妹才走出房间，他又悲从中来，他对那群朋友的好感与热情交织着大祸临头的恐慌，不断席卷他焦灼的灵魂。当下他借着编故事让自己分心，一个接一个，讵料灾难也一个挨一个，在他眼前乱蹦，葛蕾卿首当其冲，在幻想中被折磨得不成人形。

史奈德议员再度来访，但歌德宁愿独自待在房间里。母亲和妹妹不时来看看他，不忘捎来各种慰藉，吃的喝的以及不可少的好书。她俩第二天甚至带来了天大的好消息：父亲已经完全谅解他了；他满怀感激接受父亲的特赦。

心上石头落了地的父亲，现下只想带儿子出门一趟，堵住议论纷纷之士的嘴。歌德峻拒父亲的好意：除非他的朋友也都无恙，否则他无所谓这世界的变化，再者，神圣罗马帝国干他底事！

家人对此无言，留下他一人。接下来的几天，他们几经尝试让他走出房门，去参加一系列的庆祝活动。抵死不从！盛装的晚会，皇帝和国王的公开宴席……老僧入定的歌德眼皮抬都不抬。回请的宴席摆过了，皇帝与选帝侯先后回銮，他一步也不曾踏出房间。最后的礼炮隆隆响起之际，他心如止水，随着硝烟消失，炮声歇息，他心中的美景也无影无踪。

他的身和心都罹患绝症，所有的写作天赋、诗意与口才全染上了病态的污点。他不再盼望什么，偶尔感到一股强烈的渴望，想知道那些朋友和葛蕾卿的下落，他们涉案程度深或浅，会无罪开释吗？这些他一天想上千百回。

他写了很多封信给史奈德，恶狠狠指责他不告知结果；写了又撕，怕知道真相后无法承受。白天他绕室彷徨，晚上辗转反侧，整天都在胡言乱语。病痛来得又急又猛，他深觉自己幸运；父母亲说多亏这场病，不然不知道怎么让他安静下来才好呢。

病榻上，歌德获悉那群人从轻发落，至于和他走得比较近的那几位，只受到轻微的惩戒。

葛蕾卿呢？她返回自己的家乡了。说这话的人犹豫了一下。

慢慢地，他的身体恢复了，心上的伤口虽然结了痂，犹有一团隐约的怒火，他发觉佣人偷偷注意他的一举一动，交到他手中的信大多拆过封了。他因此猜想皮拉德斯、小表弟，当然包括葛蕾卿，都试着写过信来，只不过被父母亲扔了。

这天，一位以家庭教师为业的旧识来访，母亲安排他住在儿子的隔壁。歌德等不及要告诉他近来发生的事情。

"事情是这样的，"这个朋友说，"本来只是闹着好玩，一发不可收拾，演变为扭送警局的不法行为，大概是高利贷之类的事情。几个混混想出一个小小的诡计，用假文件、假签名牟利……"

"表弟呢？"歌德不耐烦地问。

"他们只不过认识那帮人而已。那个托他在外公面前说项的人才是引爆点，争取公家差事，不是打算好好干一票，就是有意借着公职遮掩他的勾当。"

"葛蕾卿呢？"友人摇摇头，笑着说："别急，她过得很好。她说不上好，也称不上坏，审查人权衡之后，成全她的愿望，吩咐她离开法兰克福。她很为你着想，我看了她的笔录，也亲眼看到她的签名。"

她的签名！那个一度使歌德心花怒放的亲笔签名。

"她到底承认了什么，需要签上名字？"

友人顿了一下，脸上旋即重现阳光，"关于你、你们交往的情形，她说得很坦白：'我不能否认我经常和他见面，而且很高兴看到他；但我一直当他是个孩子，我对他好，纯粹是一种姊妹般的情感。在某些似是而非的情况下，我给他一些不错的建议，换句话说，我阻止了他加入那场闹剧，那可会为他带来不少麻烦呢。'"

葛蕾卿说他是个小孩？她不过长他几岁而已。歌德气得跳脚，所有的情意顷刻间浇熄了。他向友人保证，这件事到此结束，绝不再提起这个人。由得了他吗？葛蕾卿的模样活灵活现，他一遍又一遍回味从前。

都是那封情书惹的祸，要不是葛蕾卿签上了自己的名字，他恐怕不敢奢望她会爱上自己。直到现在他才明白过来，她始终保持距离的原因是：她当他是个孩子！他自认是个脑腴聪明的男子哩，而她不过照本演出，卖弄风情。

那些眼泪和狂歌当哭，真是太幼稚了——这么想之后，他向前迈了一大步。这段日子他常半夜惊醒，食不知味，在那个他痴痴思服的女孩眼中，他却与一个襁褓小儿相差无几，她友善地扮演保姆的角色，所有的欲言又止原来只是使他乖乖听话的对策。

要让这一切成为过去，上上之策是把自己放逐到紧锣密鼓的作息中。他能做什么呢？好些课业都荒疏了，他得一一赶上；此外，他应该准备上大学了。没错，他整天都在忙，但一切寡味得很，熟悉的事物显得琐碎，他有充

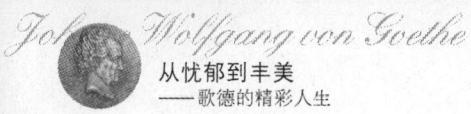

分的理由瘫在那儿，况且实在没什么吸引他的人或事，直到住在隔壁的旧识拽着他重拾书本……

5　何以解忧？

　　第一次动心就跌得鼻青脸肿的歌德，幸而有一位略长他几岁的老友做伴。此人身家不可考，仅知他毕业于耶拿（Jena）大学哲学系，思路敏锐清晰，性情又温和，难怪歌德的父母请他担任儿子的辅导老师。

　　哲学是这位朋友的拿手好戏，何不开个讲座，说不定能治疗纯情少年的情伤？

　　可惜歌德的脑袋装不进那些个哲学理论，他问的问题，老友得过些天才能找到答案，而他所提出的要求，被逼到墙角的友人不得不祭出拖延战术，应允日后再想想办法。两人难有交集，歌德坚持哲学不必独立存在，因为它已完整地保存在神学和文学之中。他的朋友不认同这种看法，竭力证明三者孰先孰后；歌德一一驳斥，舌战时总能找到对自己有益的论点。

　　"诗歌中有某种不可思议的信仰，而神学中也必定存在着同样的信仰，以便解释那些无解的东西！"根据哲学史，歌德说，一直都有人在寻觅完全不同于其他人的理由，到了最后，怀疑论者不是认为哲学深奥非常，就是个无底洞。

　　他发觉尽管他不欣赏那些教条式的理论，但他有能力钻研。他在古典哲学家及学派中找到他的支撑点，因为彼时的文学、神学以及哲学尚未分家。接下来，他又在《圣经·约伯记》和古希腊神秘学派中搜罗出不少证词，更加捍卫自己的主张了。

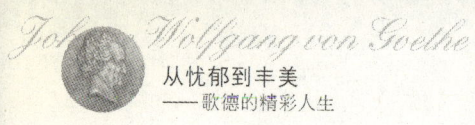

从忧郁到丰美
——歌德的精彩人生

　　双方各抒己见，纷纷搬出各家说法，就在僵持不下之时，朋友扔出一句话："我们有必要让这个问题见底吗？"其实他真正想要告诉歌德的是，人生不过靠有所为来决定，至于享乐与痛苦，俱在其中矣。年轻人若一时迷失，何妨听其自然，反正过不久人生就会把他们抢回来，或者引诱他们归队。

　　夏天的脚步近了，他俩常到户外，走访一家又一家游乐场。一踏进游乐场，歌德便觉别扭，表弟的影子总在他眼前晃动，不知何时会从某个角落蹦出来。人们冷淡的眼神也使他疲于应付，他不再是那个优哉地挤在人群中的无名氏，而是曾经惹是生非的少年……他很难想象别人不在背后窃窃私语，热烈讨论他的行为。

　　犯了疑心病的歌德，甚至觉得自己所到之处都一片骚动，人们的眼光盯死在他身上，打量的同时也发出无声的谴责。

　　他必须躲起来，与同行的朋友潜入梅因河南岸的森林里，在整齐的云杉那儿舒了一口气，然后在浓密的小树丛那儿平复自己受创的心。再走下去，来到老橡树和山毛榉的绿荫下，围绕的灌木形成天然的屏障，岩石上结了厚厚的青苔，还有一条水量丰沛的小溪。他想，这就对了。

　　才坐下来，朋友寻踪而至，见歌德隐身流水与大树之间，他引述罗马史学家塔西图斯（Tacitus）的话：大自然为寂寞的我们准备了何等质朴的地方啊！

　　歌德抢着说："噢，这珍贵的地方为什么不是在荒郊野外呢？为什么我们不准筑起一道围篱，把我们和这个世界分开！当然，这不比那个无须图像，只消从我们与大自然对话的胸膛挥洒出来的东西美丽！"

　　每当他走进这个地方，心中不由得翻搅着一种感觉——忘了吧，但他静不下来。他的心爱过，碎了；它活过，但却枯萎了。那个娇俏的身影消失在远方，她时常出其不意在云杉荫下现身，他伸手一探，扑了个空。一个强烈的欲望在心里升起，他将要在远方试试身手。

　　他告诉他的同伴兼看守者，让他独处，因为他想了解这个世界，身与心之外，用得最多的是他的灵魂之窗。在森林里，小时候鹿壕的客厅坐满了画家的情景浮上心头，受到那些高谈阔论的影响，他习惯把铺展在眼前的美景视为一种艺术。现在，看到什么，那就是一幅画；引起他注意、让他感到愉悦的，他都想捕捉下来。

　　缺的画具真不少，可是他非画不可。他不认为上苍赐予了他绘画的天分，然而这是他此刻唯一的表达方式，他不愿对不成熟的技巧让步，在淡淡的悲愁中，他勤快地画着。

纸上出现了一棵藏在阴影中的老树,弯曲的树根上有蕨类相偎依,草上的露珠滚动着忽明忽暗的阳光。四下无人,他的朋友早就带着书另觅去处,任由画笔发挥的歌德,瞧着瞧着,老树的枝丫自由伸展,探向苍穹,倏忽断了线;画面于是有了新象,在心中打转的思绪似乎找到了出口,跃然纸上。

父亲很珍惜儿子随笔画下的景物,他本来就雅爱书画,结交了不少当代画家,也收藏他们的作品。歌德的教父(Johann Konrad Seekatz, 1719—1768)是位具洛可可风格的画家,他常说如果教子不往绘画方面发展,实在太可惜了。父亲鼓励他多画,说他大有可为;歌德却觉得自己的鬼画符恐怕糟蹋了上好的纯白纸张,灰扑扑、陈旧,甚至已经用过的纸才称他的心。在白纸上作画,不成熟的笔法岂不一览无余!

画画真不容易,眼中所见,但尚未心领神会,即使有熟悉的物体,但技巧又未臻圆熟,要不就是缺乏耐心,他因此常常半途而废。此时,父亲的教育家精神登场了!他好声好气问儿子想作哪些尝试,帮他把画了一半的速写补上该有的线条,力陈全貌及详尽的重要性。至于儿子偏爱的乱七八糟的纸张,他耐着性子裁去多余的边或角,从第一天开始,他就把所有的纸片都收集起来,心想哪一天儿子抓到窍门了,他将有一个喜悦的回忆。

有时候歌德拿不定主意要在那里放下画具,父亲任他乱发脾气,一旦儿子在簿本上随意画了几笔,他总是一副再满意不过的样子,希望蓝图悄悄扩张了一点儿版面。

家人现在比较放心了,而歌德也逐渐获得他原有的自由。朗朗夏日正在招兵买马,他即兴加入朋友组成的健行队伍,足迹遍及法兰克福四周的乡镇。抵达终点莱茵河时,他们在山顶俯瞰曲折前进的水流,贯穿法兰克福的梅因河固然令人惊艳,但满足不了这些企图远走高飞的年轻的心。

出发前父亲叮嘱他把沿途所见画下来,他差一点儿食言了。要把这壮丽的风景当做一幅画,何需才华或苦练?他嘀咕着。无意间他闯进一个峡谷,一座尚未完全倒塌的城堡映入眼帘,象征幽幽古意的围墙已然不存,他不觉得自己有把它画下来的渴望。不过,在通往梅因河的堤岸上,他甘冒危险与违规的双重负担,无视"不准跨越"的警告,画下堤坝上的晶簇岩。画完他大呼过瘾,终于有东西可以带回家了。

旅途中他仅有质地不佳的草稿纸可以派上用场,因为数量有限,往往一张纸上堆叠着不同的主题。然而父亲一点儿也不在乎,照例操刀裁剪他的作品,先将纸上的图画分门别类,一块一块剪下来,然后把同一个题旨的图装订在一起,再加上边或框。父亲之所以花这番工夫,是因为他要歌德明白,如果他把不同山脉的轮廓移往边上，在前景添上一些药草和石块的话，画面的条理便分明了。

原本凌乱的画，一经讲究井然有序的父亲编排，山峦变得锋棱有致，水也活了起来。当然，这只是爱子心切的父亲的看法。

这趟山间之旅使他神清气爽，返家后，他发觉妹妹也长大了，不再是那个只关心舞会捧花与服饰的懵懂少艾，而是可以与他谈心的密友。当他把去年春天至今所发生的事情与她分享时，曾经刺痛他的尖锥钝了，他还分心考虑该上哪一所大学呢。

大学时代

● 大学时代

1 我嗒嗒的马蹄
初抵莱比锡
1765.10—

歌德不想步父亲的后尘,也以法律为主修,语文、古物以及所有从历史衍生出来的学科,才是他的兴趣。拥有一支健笔,深知笔耕带来无穷乐趣的他,希望将来沉浸在古色古香的学术天地之中,教职显然就是他安身立命的所在。

去哥廷根(Göttingen)读语言学!但父亲对他的决定无动于衷,坚持他应该去莱比锡,为此父子起了激烈的争执。莱比锡?那儿的神学系相当有名,他瞒着父亲编织起美梦来,他要走与格里斯巴赫(Johann Jakob Griesbach, 1745—1812)类似的路线,系统地从文学的观点剖析福音书,扬名立万!梦中的他筑起空中楼阁,这座城堡愈看愈浪漫,愉悦的感觉和一个挣脱锁链、即将冲破囚牢的犯人可比。盼望远走高飞的他,不耐烦地数着日子,在陌生的城市等待冬日来临并未使他却步,他想象那个新世界清朗又和乐。

年方十六的歌德

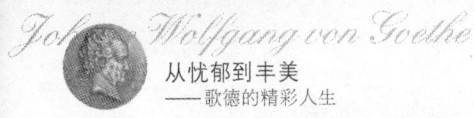

从忧郁到丰美
——歌德的精彩人生

莱比锡一景

除了妹妹之外，没有人知道他的盘算。哥哥大谈他将推翻父亲为他规划的法律生涯时，康内莉雅着实吓了一大跳，但哥哥说他将在远方寻获幸运，过得称心如意，又答应与她分享他在那儿的新生活时，她也被说服了。

10月在翘首盼望中来到，歌德与书商弗莱雪（Johann Georg Fleischer）夫妇同行，当驾车的马儿扬蹄疾步，法兰克福远远抛在后头时，他满脑子独立自主的想法，简直再也不想回到令他窒息的故乡。第一次离家的他，觉得沿途一切都新鲜有趣，路况本来就不佳，兼之连日大雨更加难行，这趟行程既不舒适，也相当不顺利。

薄暮中，马车爬上一个小丘，他们想下车步行，免得车陷泥沼。歌德无意间瞥见右方的山凹处有一座半圆形的露天剧场，漏斗状的空间里有无数束灯光顽皮地眨着眼，一层又一层，他一时为之目眩神迷。奇妙的是，那些灯并非默默地兀自发亮，而是到处跳跃，从上至下，也朝四面八方飞奔。来不及仔细观察，他百般不情愿地再度上路，向驿车夫打听，驿车夫说附近有一个年代久远的采石场，场子里的低洼地区此时应该积满了水，闪烁的灯光许是拜湿气之赐，说不准是精灵鬼怪大集合呢！

图林根（Thüringen）那儿的路更糟，夜深了，车轮果然卡住了。乘客们都下车来，歌德也卷起袖子加入抬起车轮的行列。专心使力的他，觉得胸膛的韧带无限延伸，疼痛感涌上，旋即退去，如此反复发生；直到好些年过后，他才摆脱这些不适。

旅店里他们认识了也因天雨路滑放慢脚步的一对夫妻，大伙儿一起享用迟来的晚餐。那位漂亮的少妇和善地与歌德谈了几句话，可能是这一路上受到不少折磨吧，美人与美言当前，他竟然飘飘欲仙。

他们饿坏了，歌德被派去催促厨房快点儿把汤端来，就在走出餐厅的刹那，他招架不住浓浓的睡意，行走的当儿打起盹儿来。一顶帽子遮去了他睁不开的睡眼，当他再度滑进餐厅时，根本没有注意到大家正在做饭前祷告呢。

他无意识地站在椅子后，浑然不知摇摇晃晃的自己搅乱了祷告的虔诚气氛。哄堂大笑中，他惊醒了过来。向来不吝在插科打诨上卖力演出的弗莱雪太太，指着歌德说，他的模样活脱英国教友派的翻版，因为教友派的教徒坚称让帽子留在头上，就是向上帝和国王致敬的最高礼节呀！美丽的少妇笑得前俯后仰，看在歌德眼中，益发迷人；他愿意用全世界作为交换，只要自己不是这桩笑话的男主角！才把帽子放到一旁，旅店主人已把地窖里的佳酿送上桌。这一夜他睡得香甜，而过往所有的阴霾都彻底烟消云散了。

抵达莱比锡时正值展览，这使得来自法兰克福的歌德油然而生亲切感，他的足迹遍及市场里的每一个摊位，波兰人、俄国人，尤其是希腊人堂堂的仪表和庄重的服饰，最让他目不转睛。

首要之务是找个栖身之所。他在介于新旧市场之间的一个房间里安顿了下来，这栋房子的门拱上画着一枚燃烧中的手榴弹，街坊邻居因此称它为"火球"。展览期间书商弗莱雪住在这儿，其余的时间就由歌德承租。他的邻居是一位清苦的神学家，为了节省灯油，常常凑着月光发愤读书，视力因而大为衰退。所幸年老的女房东相当慈祥，很照顾两位房客。

放妥行李，整理一番之后，他得意地环顾新居，执笔写信给康内莉雅。"我真想大声问：你会怎么说呢，小妹；如果你在我现在的窝里看到我的话？你将惊呼：多有条理！多整齐呀，哥哥！——那儿——睁开眼睛，瞧一瞧。"

下一步，他迫不及待带着推荐函造访勃蒙（Johann Gottlob Böhme，1717—1812）顾问，莱比锡大学历史及国家法的教授。顾问严正地告诉他，未经父母同意，他是不可能擅自转往他系的；顾问同时大加挞伐歌德感兴趣的语言学，对于文学更是嗤之以鼻。顾问说，既然他喜欢古老的东西，何妨走法律的路；几个响亮的名号灌进这位新鲜人的耳朵里，法学史顿时优雅了起来，入宝山势在必行。"再考虑一下吧，"顾问强调，"转系非父母同意不可。"

不转系了。在这位顾问的安排之下，歌德决定去上哲学及法学史的课，再旁听几门别的课。他对名师戈特舍德（Johann Christoph Gottsched, 1700—1766）极为好奇，因为他二十四岁就当上讲师，三十四岁升等为教授，先后开的诗、逻辑与形而上学既叫好又叫座。"我尚未见过戈特舍德，他再婚了……你们想必听说了，她芳龄十九，而他六十有五；她穿五号鞋，他七号；她骨瘦如柴，他却胖得有若鸭绒袋。"他意犹未尽，在给里泽（Johann Jacob Riese, 1746—1827）的另外一封信上追加了几句："这只老山羊！整座莱比锡都在笑他，没有人和他打交道。"

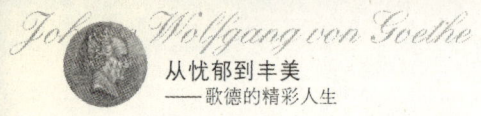

从忧郁到丰美
—— 歌德的精彩人生

第一次单飞的他，形容自己仿佛枝头的鸟儿，在森林里怡然地呼吸着自由的空气，脚步不由得凌乱。父亲一年拨给他一千塔勒银币，他爱怎么过就怎么过，而他的确吃香喝辣，在写给里泽的信上列了一张令人目瞪口呆的菜单：家禽之外，盘中常见山鹑、山鹬、鹧鸪、鳟鱼、兔肉，偶尔点缀着野味，梭子鱼、雉以及牡蛎也是日常菜色之一。一顿饭下来想必所费不赀，他却再三强调"这些美味不贵，一点儿也不贵"。

开学了，他怀着期待走进教室。哲学之于他仍然不得其门而入，相对来说，逻辑倒是有趣，至于神学，歌德觉得自己所知与任课老师差不多，甚至凌驾于老师之上。法律课，他上起来一样散漫，老师倾囊相授的，他早就在家与父亲演练过好几回了，写笔记更显无聊：耳熟能详的东西还需要记下来吗？

繁多的课业让他席不暇暖，时序接近嘉年华会，上逻辑课时要穿过汤玛斯广场，恰好与刚出锅的油煎饼撞个正着，李子馅儿的香味扑鼻而来，以至于同学们迟到的情形愈演愈烈，作业等等变得没那么重要，初春雪融之际，学期也接近尾声，任谁都把用功读书抛到脑后了。

授课老师彼此悬殊的年纪也给歌德造成若干困扰。他观察的结果是，年轻的老师教书是为了多学一些东西，如果头脑好到能超越时代的话，他们就在学生付出代价的情况下，追求高深的学问。为什么说学生付出代价呢？因为有野心的老师往往带着不成熟的教材来上课，一来这不是学生所要学的，二来他们似乎把学生当成实验对象了。老教授则反其道而行，上起课来了无新意，观点不是过时，就是错谬。

岂止课程不尽如人意，另外有一件事情也让初来乍到的歌德快快不乐，这要怪父亲。老歌德最讨厌别人无所事事，热衷于研究善用时间与精力的偏方，用一个拍子一举打死两只苍蝇，想必最符合他立志开发的经济效益：儿子如是说。过日子像做科学实验的父亲，发觉雇用裁缝师在家里当差最划算，因为他们手巧，做家事之余还可帮他抄抄写写，何况他们不仅缝制自己的制服，连主人一家大小的服装也包办了，岂不妙哉！可惜他的儿女不领情。

穿着考究的父亲喜欢买外国货，法兰克福一年四季展览不断，尤其是他大采购的最佳时机，家中因此库存丰富。料子尽管上等，可是落到兼任仆役的裁缝师傅手里，不知怎的，总也不合身。再者，父亲惜衣如金，因此偏爱怀旧的款式，穿在他身上或许有思古之幽情，儿子在有"小巴黎"之称的莱比锡披挂着镶有金银丝线的服饰，倒像个乡巴佬了。

女性朋友首先发难，"歌德，你是外星球来的吗？"他慌了手脚，直到在剧院里看到男主角因为穿戴和他相似的衣服受尽揶揄时，才鼓起勇气换掉整柜的行头。

通过了服装上的考验，另一桩讨厌的事情正在摩拳擦掌。虽然父亲很重视语言的纯度，鼓励孩子们尽量少说方言，但他少不得带一些法兰克福腔，并且和母亲一样，热爱俗语，习惯性地引用箴言，这些听在莱比锡人温软的耳朵里，一反歌德自以为是的活泼俏皮，居然俚俗不堪！

当务之急是他的发音，其次为他的思考方式、想象力、感觉以及故乡的特质，全得焕然一新；他不认为自己能够胜任这些莫名其妙的建议。女士们又有话说了：大一新生歌德显然受到一位传教士（Geiler von Kaiserberg, 1445—1510）的不良影响，所谓的幽默与生动简直就是山在虚无缥缈间，他何不干脆一点儿，一针见血呢？

从小到大他就在说话时尽情调味，所娴熟的舌灿莲花和尖锐，现下必须省着用。他的内心瘫痪了也似，快要不知道如何张口说话了。另一方面，文学史的课堂上他又听过葛雷特教授（Christian Fürchtegott Gellert, 1715—1769）批评巴洛克的华丽风格，力陈丢掉僵硬、空洞的堆砌，改采自然的表达方式。怎么办呢？有口难言的歌德，眼前说与写几乎等于两条平行线，永远没有交集。

相对于耶拿与哈勒（Halle）两所大学所崇尚的粗犷以及强壮，学生之间比剑如家常便饭，在不少法国人安家落户的莱比锡，殷勤多礼是社交的不二法门。一开始歌德并不觉精雕细琢的生活烦腻，几纸推荐函把他引进好人家做客，好人家再把他转介给亲友，忙着进出社交场合的他受到热情款待，"我在此大受欢迎"。

隔年8月友人约翰（Johann Adam Horn）自法兰克福来访，看他十分不顺眼，在致莫尔斯（Wilhelm Karl Ludwig Moors）的信上迭声抱怨："谈到我们的歌德——我来此地时，他依旧是那个自负的梦想家。你若是看到他，不是气炸了，就是笑爆了。我根本没法理解，一个人怎么变得这么快，他所有的举止、仪态都和从前的他有天壤之别。除了自负之外，他也追求时髦，而他的衣饰，即使光鲜亮丽，仍然带着滑稽的味道。"

他花了不少力气和心思才改头换面，打进莱比锡的上流圈子，但半年不到就感到惘然，"寂寞，寂寞，非常寂寞，里泽啊，这股寂寞在我的灵魂里铸成某种忧愁。"

再者，大学里所传授的新知不如预期般丰富，他变得漫不经心，懒得经营礼貌性的拜访。

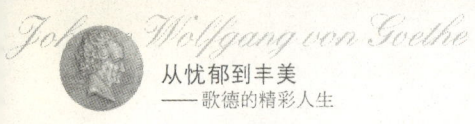

勃蒙顾问夫妇便属于他渐行渐远的对象之一。

勃蒙不善于和年轻人相处,歌德往往硬着头皮登门,倒是顾问羼弱的妻子很喜欢这位新生,偶尔邀他晚上过去坐坐。客厅里有时还坐着歌德很不喜欢的另一位女士,自大、好为人师,歌德于是故意把勃蒙太太精心调教他的礼仪抛到九霄云外,让无伤大雅的恶习重新亮相。然而这位女士始终保持风度,还耐心地教他玩时下流行的牌。

彼时戈特舍德所呼吁的德语、文学改革,引起极大的共鸣,评论者受到鼓舞,痛快地贬抑浅薄的诗作,那些盲目模仿,自以为能游走于新旧文学之间的家伙全露了馅儿。身处于这场文学风潮中的歌德,当然不放过每一篇相关文章,涵养深,又反对无足轻重、软弱无力以及平庸的勃蒙太太,成了他现学现卖的听众。

他挑选名作家的诗和散文,吟咏给她听,当红的喜剧《流行诗人》(*Poeten nach der Mode*)居然无法获她青睐,歌德好生诧异。一不做,二不休,有几次他大胆朗诵自己写的诗给她听,她当然不知道作者近在眼前,非但不捧场,还老实不客气地说:"那个天才把鲜艳的花朵变成一堆干草啦?"佯称那是别人作品的歌德,不得不附和她无情的批评,屈辱地俯身朝向勃蒙太太口中那堆枯黄的草,大声讥笑它们死气沉沉!

他多渴望徜徉于德国文坛,惬意地登上阿波罗与缪斯共筑爱巢的帕尔纳斯山啊!面临创作瓶颈之际,在另一位顾问的引介之下,有一段时间他固定与医学系和自然学科的同学共进午餐。那些人聊的无非医药与天文物理,他的想象力被牵引到一个崭新的领域,听他们以崇拜的口吻讨论几位代表人物的研究成果,不断有成串的专有名词端上台面。当这些术语从陌生而逐渐熟稔,歌德发觉自己宁可在这方面下工夫,因为他惧怕赋诗填词,即使现下有机会小试身手,他都担心下一刻钟那些他珍视的诗会遭人唾弃。

初抵莱比锡,缤纷的小巴黎使他不得不撤除原有的品味,在判断上也饱尝不确定之苦,他瘠瘰不安,陷入绝望。有一天他把带在身边的作品,包括诗与散文、鸟瞰图、随笔以及草稿,通通拿到厨房的灶上烧掉,整栋房子立刻浓烟弥漫,吓坏了房东老太太。

2　念去去千里烟波

挥别莱比锡
1768.8

　　我们的诗人在莱比锡度过了新鲜人的阶段，当秋风悄悄吹落一地黄叶之际，同乡施洛塞——他未来的妹婿翩然来访。施洛塞大学毕业后，原本在法兰克福开始律师生涯，但他对现况不甚满意，就接下了符腾堡（Württem-berg）王子书记的工作，这趟随王子出差，取道莱比锡探望歌德。

　　施洛塞在附近一家小酒馆落脚，掌柜的妻子也是法兰克福人。座位极有限的酒馆平时生意清淡，一到展览期间就挤满了来自法兰克福的商人，他们在这儿享用家乡风味饮食，如果一时找不到投宿的地方，也在此打尖儿。

　　歌德兴冲冲赶过去，多年未见，他不知自己是否还认得施洛塞。

　　酒馆里坐着一位有一张圆脸、天庭饱满的年轻人，黑色的头发下一双黑眼睛漾着笑意，"他与我截然不同，"歌德暗忖，"他严肃而精确，恐怕还有点儿固执。"两人一见如故，畅谈自然神论与文学，歌德也在施洛塞的鼓励之下，把他们的对话写成诗句，以德、法、英、意四种语言呈现。

　　有意气相投的朋友做伴，这个秋天不再萧瑟。施洛塞决定多留一段时间，打算一一登门拜访当地的闻人。歌德趁机补修社交学分，堂堂登入戈特舍德教授名叫"金熊"的华宅。

　　应门的仆役把两位年轻的访客引进一间宽敞的房间，"主人马上就到"，说这话时，他似乎努了努嘴，或者微微挑动了眼皮，哥儿俩一时间摸不清他的意思。

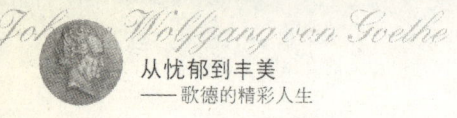

从忧郁到丰美
—— 歌德的精彩人生

"他要我们进去吗?"

"那就进去吧!"

就在哥儿俩踏进毗连的房间的刹那,一个裹着绿缎红里睡袍的庞然大物也跨过门槛儿。戈特舍德!那位因再婚吹皱满池春水的名教授。他硕大的头颅光秃一片,而他显然也在为这事伤神;刚才蓦地消失的那位仆人突然从侧门跳了出来,手上多了一顶假发,长长的鬈发几乎要碰到他的手肘。仆人一脸惊恐递上主人四下搜寻的东西,面无表情的戈特舍德用左手取下假发,极其优雅地戴到头上,同时抽出右手打了仆人一记耳光。那倒霉的听差就像喜剧中所描述的那样,被这阵狂风刮到门边,这当儿名气震天价响的大师稳稳当当地坐了下来,不怒而威。他立刻与两位初生之犊展开长谈,始终温文儒雅。

施洛塞在莱比锡的这段时间,歌德每天都和他去那间小酒馆用膳,因此结交了几位新朋友。施洛塞打道回府之后,他依旧来报到,新朋友中有莱比锡未来的市长、作家、族谱编辑等,但真正把他的脚步吸引过来的,是掌柜漂亮的女儿(Anna Catharina Schönkopf, 1746—1810)。

凯欣是她的小名,芳龄十九,歌德喜欢这样呼唤她,有时也昵称她安琪。他与同桌的人沽酒作诗时,凯欣不时投来一个友善的眼光,他既喜悦又满足,因为这是他在葛蕾卿那儿一向不敢奢望的。

"我爱上一个既无地位、亦缺家产的女孩,平生第一次感受到真爱所带来的快乐。要赢得我的女孩的好感,不能归功于那些情人间悲惨的折磨,而是靠我的性情,仅凭我的真心房获她。拥有她,我无须送上礼物,况且我以轻蔑的眼光回顾我以前百般讨好葛蕾卿。凯欣的心就是我的证据,她将永远不会抛弃我,除非责任或命运将我俩拆散。"

十七岁,坐困莱比锡的歌德坠入情网,在那个讲究门当户对的时代,凯欣平凡的出身将是个问题,他善感的心被蜇痛了。思前想后之时,恼人的现实转化为一种至乐,他叹了一口气,温柔地谋划如何突破重围,想象中的那片美景让他的心狂跳了起来。

他不断在给友人贝里希(Ernst Wolfgang Behrisch)的信上描绘这种坐立不安:

"贝里希,爱情真讨厌。喔,你瞧瞧我,看看这个可怜虫胡言乱语,他不知道要对谁发脾气呢。"

就在写这封信的前两天,一个星期天的下午,歌德吃过饭之后去找凯欣,想给她一个意外的惊喜。到了她家的酒馆才知道她在欧本曼(Johann Wilhelm Obermann)家做客,他当然想跟过去,可惜找不到正当理由,于是转往隔壁凯欣的密友朵拉（Theodora Sophie Constania Breitkopf）那儿。

聊过了天气，问候过朵拉书商父亲的近况之后，他终于打开天窗说亮话："你就不能叫我跑个腿，去欧本曼家转一趟，譬如说帮你拿张戏票什么的？"她回答歉难相助，但歌德很坚持，于是她建议他不妨就在她家等凯欣回来。但歌德没耐性枯等，他烦躁的德行惹恼了朵拉，坐下来随便写了一张给欧本曼太太的便条，权充歌德登门的借口。

他乐坏了，直奔佳人之所在。欧本曼太太打开门，接过歌德奉上的字条，爽快地念将起来："这人多奇怪呀，变了个样儿似的，不知怎么回事。歌德先生才到我这儿，便让我明白他更盼望到您府上。他强迫我托他办点儿事情，即使没事也不打紧，尽管我正在生他的气，但我仍然要感谢他，因为他给了我告诉您我对您忠诚不渝的机会。"

一屋子的人都听见朵拉的冷嘲热讽了，欧本曼太太亡羊补牢，再三保证她没看懂；凯欣瞄了好友的笔迹一眼，客厅里的气氛结上一层霜，旋即化为冰。她应该赞美我多情的表现才对啊？歌德愣住了，凯欣一整晚都白眼以对。

星期一诸事不顺，到了晚上大情圣发起烧来，忽冷忽热，不得不整天卧床休息。星期二他仍觉虚弱，捎口信请凯欣带一些东西过来。她来了，顺便告知是晚她将与母亲一起去看戏，一出喜剧。

"方才高烧让我冷得发抖，这会儿这个消息却使我全身的液体变成一团火！咳，去看戏！在她明知她的情人生病的时候。老天，太过分了，但我原谅她。

我不知道是哪一出戏。怎么？难道她和那些人去看戏，那帮人！我震惊不已！我一定要知道。——我换衣服，像个疯子似的跑到剧院，买了一张顶楼的票。来到楼上，咳！一个新的打击。

我眼力不够，看不到包厢那么远。我猜我要发狂了，想回家拿我的望远镜。一个很普通的人站在我旁边，我才不至于方寸大乱，因为我看到他有两个望远镜。我礼貌地恳请他借我一个，他照办了。我往下看，找到了她的包厢——哦，贝里希——"

包厢里坐着歌德的心上人，一个小女孩，凯欣的弟弟彼德与母亲。"但是！她的后面坐着莱德先生，一副含情脉脉的样子。咳！想想我！想想我！在顶楼！有一个望远镜——瞧见这一幕！可恶！噢，贝里希，我想我的脑袋即将因怒火而爆裂。"舞台上正演出莱辛（Gotthold Ephraim Lessing, 1729—1781）的《莎拉·萨姆松女士》（*Miβ Sara Sampson*），歌德看不见演员的动作，听不到一句对白，眼睛盯在包厢里，一颗心上下起伏。

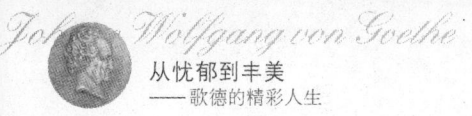

从忧郁到丰美
—— 歌德的精彩人生

"他一会儿向前倾,这样坐在凯欣旁边的小女孩就什么都看不见了,一会儿他又靠在椅子上,对她说话,我咬牙切齿注视着。…… 天,天啊,我为什么要在此刻为她辩解。对,我要这么做。我看到她对他冷得不能再冷,她转过头去,她几乎不太答理,显然她不堪其扰。我以为这都是我亲眼所见,但我的望远镜不打算和我的心一样迎合我,我只是希望看到这样的画面!"

体温急遽上升,极度不舒服的歌德把望远镜还给邻座,火速回家。"整晚我尝试哭泣均告失败,我的牙齿打着战,如果你咬牙切齿的话,是不可能哭的。……

但我爱她,想从她的手上喝下毒药。原谅我,朋友,我在发烧时写这封信,真的突然发起高烧。让我写吧,我在此释放怒气,总比用头去撞墙好。"

这一夜他睡得很不安稳,剧中的女主角莎拉女士入梦来,搅扰了病人希望获得的好眠。星期三剧情急转直下,"昨天这世界要我下地狱,今天却让我上天堂——而且还会继续下去,直到二者都不能施展在我身上为止。

她在欧本曼家,我俩独处了一刻钟。我们不需要和解了……她知道自己不公平,我生病感动了她,搂着我的脖子,求我原谅……

'你看,'她说,'我们昨天去看戏,你不要不高兴。我坐到包厢的角落,小萝特坐我旁边,这样他就不能靠近我了。他一直站在我的座位后面,但我尽可能避免和他说话,我和隔壁包厢的观众聊东聊西,真希望能搬到她那里。'喔,贝里希,这些都是我昨天说服我自己看到的景象,现在由她来告诉我。她!勾着我的脖子,刹那间的愉快取代了千百种的苦痛。"

初抵莱比锡时,歌德和许多少不更事的年轻人一样,喜欢留下"某某人到此一游"的印记,有一回选了一棵老菩提树,在光滑的树干上刻下自己的名字。凯欣的一颦一笑牵动着他的心的第一年秋天,他重回菩提树下,把她的名字也刻在上面。那年冬季接近尾声,患得患失的他一夕数惊,时而蓄意挑起争端,给凯欣带来不少苦恼。枝头渐露春意之时,他偶尔路过,意外发现树干上凯欣名字的刻痕承载着满满的树汁,料峭的寒风没有让它冻结,相反,老树所流下的纯真泪水滋润了她的名字,益发显得突出。刹那间,他仿佛看到凯欣在这棵树下垂泪,想到自己常伤她的心,而她无怨无悔,他脚下加快,到她跟前请求宽宥。

凯欣长得标致动人,个性开朗又体贴。歌德每天中午去小酒馆,她为他送来餐点,晚餐时分再斟上美酒。这对璧人利用有限的时间与空间,唱察哈里埃(Justus Friedrich Zarariae,1726—1777)写的滑稽叙事诗《吹牛之人》(Der Renommist),排练柯律格(Johann Christian Krüger,1722—1750)的喜剧

《米歇尔公爵》（*Herzog Michel*），携手度过一年多酸酸甜甜的时光。

或许凯欣从一开始就意识到两人悬殊的家庭背景，抑或年龄多少绊住了她深探这段感情的决心；她愈是若即若离，歌德愈是要索取此情不渝的保证书，何况他坦承自己上了瘾似的不断试炼她的极限。他时常无端掀起一个话题，千方百计为难她，自以为专横最能征服她；卡在创作瓶颈中的他，更把阴郁宣泄在她身上。他不清楚哪儿来的那么多飞醋可吃，那么多荒唐的琐碎使他口不择言，虽然他往往事后悔恨不已。

善良的凯欣以惊人的雅量纵容他的坏脾气，歌德终于察觉出她并不快乐，努力尝试让她开心，但求挽留她渐行渐远的心意。太晚了。1768 年 4 月，他再度致函贝里希："凯欣、我，我们分手了，我们很幸运。……我们以爱为开端，以友情作为结束。"

歌德说他在这段感情中犯下不少愚行，伤别人的心之外，也包括漠视自己的健康。疗伤，身与心两方面，他必须耗费几年黄金岁月来补偿。他怀着忏悔的心情振笔疾书，将两人的故事写成一首牧歌：《恋人的心情》（*Die Laune des Verliebten*）。

牧歌又称田园诗，是一种极古老的文体，上可溯至古希腊罗马时代，文艺复兴之后再度绽放光彩。它的形式不一，可以是小说、抒情诗、散文和戏剧，到了歌德的少年时代，大多走独幕剧的路线。至于内容，则和中国文学里的鸳鸯蝴蝶派相近，纯粹谈情说爱，多以大团圆或冲突获解决作为结束。戈特舍德曾为文批评从古至今的牧歌刻意漠视现实，实际上牧人税负甚重，花费也不少，充其量勉强挣得温饱，所从事的又是与风花雪月八竿子打不着的粗活儿。

《恋人的心情》并未跳脱原有的框架，以两对男女的故事为主轴：艾理冬（Erdion）疑心阿敏（Amine）不专情，因为她似乎乐在与别人打情骂俏。两情相悦的艾格勒（Egle）和拉萌（Lammon）设了一个计，使得艾理冬在不知不觉中也变得魅力四射，这才悟出是自己多心了，与阿敏重修旧好。

这出独幕剧不仅有作者醋意的写照，也表达了他希望自己当时应该有的正确行为；对话简要、诙谐且中肯，剧情的发展层次分明，快乐的结局合理又符合读者的期待。后世乐意捧场的文学专家一致推崇歌德这部少作登峰造极，从此牧歌再无佳篇。

歌德发觉纸上散心不但是一帖良药，而且朋友们也喜欢读他的作品，于是，他一方面为了打发时间，另一方面应朋友之请，又试着写了好几出话剧。这次他舍去皆大欢喜的结局，安排一个又一个悲剧性的情节，其中唯一完稿

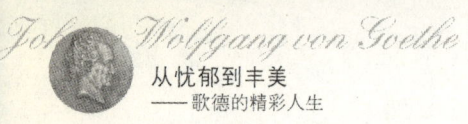

并保留下来的是《共犯》(*Die Mitschuldigen*)。

《共犯》也是独幕剧：梭勒（Söller）闯进在岳父旅店投宿的阿尔萨斯（Alces）的房间偷钱，正好窥见岳父进来翻找一封内容八卦的信，而他的妻子苏菲（Sophie）也悄悄前来与旧情人幽会，并激动地数落他的不是。他以为这两人即将私奔，但苏菲并未走远；就在此时阿尔萨斯发现钱不见了，为了掩饰自己不当的行为，店东指斥女儿苏菲是贼，而阿尔萨斯深信不疑，此举令苏菲伤心欲绝。绿巾压顶的梭勒借酒浇愁，悲叹自己沸腾般怒火中烧，"浮士德博士亦若是"，浮士德首度在歌德的作品中亮相。最后，每一个人都必须承认自己有嫌疑，而且任谁都做错了。

所谓悲剧，指的是小奸小坏与不幸福。歌德借此挞伐以现实为考量的婚姻，如梭勒与苏菲，而阿尔萨斯是个胆小又势利的情人，这三个人相互牵制，无一人快乐。

从歌德寄往故乡的信来看，在莱比锡求学的近三年时间里他灾难不断。第一学期他骑马时冲撞农场的晒谷架，"下巴撞伤了，嘴唇碎了，至于肿胀的眼睛还算小事呢。"他常抱怨不是自己身体的主人，胸口愈来愈痛，不知是新近坠马引起的，还是旅途上抬车轮的后遗症。无计可施的他厉行节食，消化功能大受影响；梅泽堡（Merseburg）浓烈的啤酒让他昏昏沉沉，咖啡又陷他的心情于郁黯。饭后他喜欢喝一杯牛奶，没想到导致五内俱焚，纷纷停止运作。

"我靠青春充沛的力量所撑起的天性，摆荡在恣意与忧郁的极端之间。"歌德如此形容自己。彼时坊间流行一种养生方法：洗冷水澡，睡硬床、盖薄被，以便抑制排汗等；兼之他与同侪研究卢梭的理论，误以为这样就是接近自然，才能避免道德败坏。实验的结果是健康每况愈下，凯欣求去大概也加重了身心不适，漫无章法的饮馔与作息日积月累，有一天夜里他剧烈地咯起血来。

他勉强下床，跟跄地敲隔壁室友的门。医师很快就来了。他在生与死的混沌中挣扎了数日之久，一再咯血，左边颈部凑热闹似的长了一个肿瘤。后代的研究者请出了不少医师为歌德把脉，咸认这是肺结核引起的咯血，而颈子上的肿瘤应该是肺腺方面的毛病所引起的。

虽然医师也说不出个道理来，他却恍若新生，精神上畅快多了，他将这归功于他追求极端的天性。这种感觉离开他好一段时日了，身体遭受长期病痛的同时，他也因心灵获得自由而释怀。

朋友来探病总能使他打起精神来，有的在病床边陪他聊天，有的陪他出门散步，也有人在乡间别墅款待他，稍可缓解病中的沉闷。

　　他必须暂时放下未完成的学业，1768年8月末，他在几位朋友陪伴之下登上马车，离开了莱比锡，四天之后抵达法兰克福。

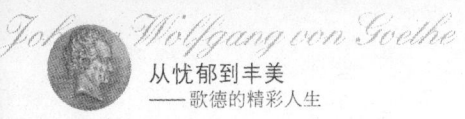

3　恋恋生命
法兰克福病中岁月
1768.9—1770.3

　　马车愈接近法兰克福，歌德就愈沮丧，没想到他像一条破船似的回到故乡。不过他想生病也不是自己的错，心情于是平静了些许。家人对他的欢迎使他感动。一脸病容的他好久不曾照镜子了，家人轻手轻脚走进他的房间，轻声讨论他的病情，一致认为首要之务是让他的身与心恢复宁静。

　　母亲私底下告诉他，父亲对妹妹管得太严，要他多关心妹妹，让她开心一点儿。像几年前歌德情场失意时那样，康内莉雅再次负起陪伴哥哥的责任，围着他报道近三年家中的点点滴滴，少不得提一提父亲对她下的三令五申。以往他不曾察觉，但现在他发觉亭亭玉立的妹妹颇有幽默感，想象力也丰富。不久兄妹俩就研发出一套暗语来，靠着这套暗语，别人根本听不懂他们所谈何事，尤其有父母在的场合，他俩的对话更显得俏皮大胆。

　　父亲尽可能按捺住心中的忧虑，返家的不是这会儿正在准备更上一层楼，并接受每一人生阶段历练，他硬朗、活跃的儿子，而是一个病弱之躯，况且儿子的心灵看似比身体还要迭遭刺激！他主张送歌德去疗养，谁要是在他面前说丧气话，对病情表示悲观之类，他准要大发雷霆。

　　颈子上的肿瘤令歌德疼痛难当，家庭医师建议切除，于是另请外科医师来操刀。动手术的前三天，他提起笔来写信给凯欣一家人，为自己不告而别致歉，"您会原谅我没有辞行吧？我到了隔壁，已经来到门前了，我看见灯笼闪着火光，走到楼梯那儿，但我没有爬上去的勇气"。

住在家里毕竟生活正常，而且母亲绝对不会允许他胡乱吃东西或洗冷水澡，于是，他深陷的两颊渐渐丰润了起来。其实他不是家中唯一的病人，他敬爱的外公前些日子曾经中风，复健虽然良好，但说话能力已大不如前。

肿瘤切除后送去化验，很幸运的是良性。颇长一段时间他忍受着不适与不方便，伤口终于要愈合时，每天都要用硝酸银棒搓揉一番，再施行烧灼式的治疗，真是够受的。凯欣的回信翩然寄达，她显然取笑了憔悴日损的旧情人，因为歌德小小地抗议了一下："您说得对，我的朋友，我现在是为我在莱比锡的败行劣迹受处罚。"

18世纪的德国不但将医师分为两类，即一般医师、专门动手术的外科医师，另外还规定所有的药品都必须在药局内制作好，再送到病患家。歌德的家庭医师梅兹（Johann Friedrich Metz）是个异类，因为他笃信另类疗法，甘冒被取消医师资格的危险，暗中为病人调配药品。当歌德抱怨他的肠胃不通，梅兹公开为他研磨泻药；并且调制一种特殊的盐，以备病危时输入真气。制造这种药牵涉太广，他要求清场，任何人不得走进他的工作间。因此，谁也没看过这种盐如何产生，谁也不清楚它的成分与作用。

我们的病人对正统以外的医疗方法态度十分保守，灵活又和气的梅兹深知心理力量之重要，推荐歌德多少读一些炼金术的书。都说心诚则灵呢，梅兹同时再三保证，靠着自学，成功地炼出珠玉来并非不可能。

歌德生病期间，母亲与几位好友组成一个讨论宗教的小团体，歌德的表姨苏珊（Susanne Katharina von Klettenberg, 1723—1774）是其中的活跃分子，她常来探望外甥，与他谈天说地。这一天她也在表姐家，医师与外甥的对话她恰好听到了。既然身体健康与否系于心灵，若在一个人身上施以恩赐或慈悲，运用超乎个人之上的方法，是否就能减轻我们身体的痛苦或降低疾病的危险呢？她表面上不动声色，私下却读了魏林（Welling, 1652—1727）的名著 *Opus mago - cabbalisticum*，一本几乎人手一册的书，深入浅出介绍盐、硫黄和水银的起源、素质以及特性。表姨对于书中所叙述的瞬间或明或暗的光跃跃欲试，希望找一个合得来的人陪她玩这种光变化的实验。

这个邀请对闲得发慌的歌德来说乃求之不得，也去买了一本魏林的书，他答应表姨看书时"在不疑处有疑"，把那些讳莫如深及作者意有所指的地方全都里外看个分明，一一注记在空白处。话说回来，这本书并非炼金手册，而是教读者从上帝辨识出大自然，以及在大自然中看见上帝之道，主要讨论形成所有矿物与有机体的盐、硫黄与水银，也就是炼金术中的三大基本化学要素。但是，读此书时，这三大化学要素不仅是一般的物质，同时也是大自

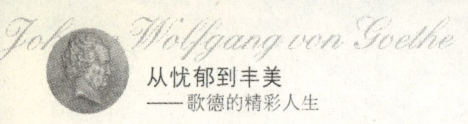

然中普遍通行的原理。根据魏林的说法，天地仍处混沌状态之时，这三种元素已在美妙的光—火之中会合了。

他下了许多工夫，虽然不求甚解之处仍多，但学到了专业术语；此外，他也读了不少神秘论者或上古时代哲学家的心血之作。漫长的冬日，卧病在床的他哪儿也不能去，母亲与表姨不时来到他房里，热烈讨论魏林书中所揭示的玄奥世界。

求新知虽然转移了部分注意力，但不健全的消化系统有时甚至全面罢工，所引起的并发症让他恐慌极了，以为自己将不久于人世。什么方子都试过了，却一点儿起色也没有。当死亡的黑影笼罩他的床前时，急得跳脚的母亲央求梅兹祭出他的万灵丹。梅兹一时拿不定主意，考虑了好久，才在半夜赶回家。当他再度现身时，手上多了一个小玻璃瓶，里头装着结晶了的干盐粒。那些盐在水中溶化，房间里顿时弥漫着浓浓的碱味，才喝下肚，歌德便觉神清气爽，从这一刻起，他的病有了转机，逐渐迈向康复之路。

写给凯欣的信上他描述这八天之中的大起大落，"不幸也是好的，我从这场病学到了很多，胜过一生能学到的东西。"他乐观地估计自己4月份可以返回莱比锡，并计划先到法国旅行，如此，当他与凯欣重逢时，合宜的举止将使她宽心。

这儿所谓的"学到了很多"，系指他研读炼金术相关书籍，服用万灵丹的经验，以及从中所获致的人生观，包括他对神、世界以及生命力的看法。他追求一种哲学—抽象推理的"个人宗教"，不再以信仰耶稣基督为中心形式。

单身的表姨拥有上好的宅子，上无高堂，下无手足，自由得很。自从目睹神奇的盐使外甥脱离病痛之后，她陆续添购了熔炉、烧瓶和蒸馏器。依照魏林书中的说明，兼有梅兹指点，第一步学会开掘铁中所蕴含的治愈力量，同时引出空气中的铝和硅，接下来，不可或缺的碱在空气中融化，与尘世外的东西结合起来，最后产生一种介于植物与矿物之间的物质。

春暖花开之时，渐至佳境的歌德搬回他的阁楼，也张罗了一套和表姨一样的器具，忙得不亦乐乎。他用碱让石英融化，所产生的石英液会形成透明的玻璃，玻璃在空气中融解之后，变成清澈的液体。这个过程让他目瞪口呆，惊叹大自然之丰富。他于是勤跑梅因河，在河边捡拾鹅卵石，以便回家提炼他已驾轻就熟的石英液。

为了打发病中的寂寥，他也重拾画笔，学蚀刻画。展读自己写的家书时，他发觉自己好为人师，把从葛雷特教授课堂上听来的理论如法炮制在给妹妹的信上,妹妹趁机发了一顿牢骚,两人相视大笑。至于他在莱比锡时写过的几首诗,现在读起来竟觉既冷又干,所欲表达的情感或心灵又太肤浅。他决定全部交付祝融。

初夏的阳光露出粲粲的笑容,凯欣和卡纳博士(Christian Karl Kanne, 1744—1806)订婚了。歌德在道贺的信中,含蓄地道出自己的不舍与失望:"那个好人不认为女孩的心不是大理石,而是她的心不应该是大理石。殷勤的心容易爱,然而容易爱也就最容易忘记。他虽不这么想,却有道理,眼见他的爱逝去,是一种可怕的感觉。不可多得的爱人不若被抛弃的人不幸,前者仍旧有希望,而且担忧至少不应有恨,另一个人,喔,另一个人——谁曾经感受过被一颗心——他的宝贝驱逐出境的滋味,他不喜欢想起这些事情,何况谈论。"

意识到字里行间涌现的酸意,他转而委婉探问继续维持友谊的可能性。"我亲爱的朋友,您是否仍视我为您喜欢的朋友,有时当我是您最好的朋友?与挚友有关的不外乎无聊琐事吧。"

笔锋一转,他开起自己的玩笑,"有新鲜的可吃时,没有人会喜欢腌渍的豆子。新鲜的梭子鱼总是最好的,一旦人们担心它会腐坏,就用盐腌,尤其当人们想要诱拐它时。假使您想到那些您用友谊腌起来的情人,大的小的,弯的直的,一定觉得奇怪吧;我自己想到这些也笑了。"

他建议凯欣与他通信,不要完全断了线,因为"当一条熏青鱼,我一直都很规矩"。苦中作乐的他并未忘情,同年12月中旬某一天他做了一个梦,因而想起自己尚未回凯欣信,好几个月过去了,迟迟不肯动笔。他或许是信纸上一条滑稽的熏青鱼,真实生活中的他却在涸泽中挣扎。

重返莱比锡似已不可能,父亲建议他去施特拉斯堡(Straβburg)继续中断的学业。他告诉凯欣:"我要改我的停留地点,离您远远的。不应再有什么事让我忆起莱比锡,除了一场激烈的梦之外,没有打那儿来的朋友,没有信。但我却发觉这一点儿帮助也没有。"

凯欣的婚礼将于隔年5月举行,从小到大为许多婚礼写诗的他,这次决定搁笔。

1770年初,他大病初愈,立刻启程去施特拉斯堡鉴赏大教堂与艺术品,旅行期间认识了在同一间酒馆搭伙的萨尔茨曼(Johann Daniel Salzmann, 1722—1812)。萨尔茨曼在当地的法院任职,出门总是穿戴整齐,外加一把未雨绸缪的伞。歌德在他的鼓励之下,选择以务实为尚的施特拉斯堡大学,作为他短期内补足课程,进而攻读法学博士的学术殿堂。

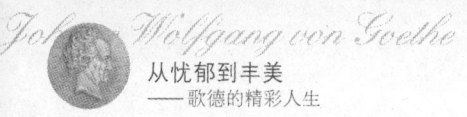

4　缤纷心情
施特拉斯堡
1770.4—

　　在家当了两年多的药罐子，终于恢复健康的歌德迫不及待要扬帆而去。施特拉斯堡位于德法边境，当时隶属于法国已九十年，但居民说德语的居多。这所大学以医学系著称，坦承自己是留级生的歌德很快就发现课堂上所传授的，他早已倒背如流，毫无新鲜感。不过，他的重点是快马加鞭，把在病榻上延误的时间追回来。

　　学业上既然不需他挑灯夜战，他便善用闲暇和余力，开发个人兴趣。身边不愁友朋做伴的他，似乎与医学系的同学特别有缘。在他固定吃午餐的小酒馆里，同桌坐的都是准医师，这些人开心地谈论刚上过的课，热情地勾勒将来行医的蓝图。对于生病体会甚深的歌德，这些话题当然引起他的注意；医学是研究人的科学，重要自不在话下，而医师的工作虽然危险却也回馈颇丰，他想。午餐时他乐意当一名聆听者，不但理论要懂，若能习得一些实用的技能也不错。

　　施特拉斯堡人热爱散步，到了一种全民运动的程度。午饭过后少不得要走上一圈，人约黄昏后也是四下逛逛，晚睡的人更有充分的理由在月光下闲步沉思。有了莱比锡的经验，入乡随俗的道理歌德难道不懂？他依样画葫芦也加入散步的行列，巧的是同行者仍不脱医学系的色彩，于是他再一次扮演称职的听众。

　　在妙手回春、开肠破肚的氛围中，他对医学愈来愈有兴趣，求知欲以及好奇心促使他第二学期去上化学和解剖课。他相当投入，掌握了基础知识之后，进一步向高深的领域探索，不久就如愿加入大伙儿的讨论，俨然成为医学系的一员，有时他的见解还令众人击节称赏呢。

同一时期，一件即将发生的大事让施特拉斯堡骚动了起来，奥地利的大公爵玛丽·安东尼奈特（Marie Antoinette, 1755—1793）即将远嫁法国，成为路易十六的皇后；施特拉斯堡被选为她的休息站。全城五万居民的情绪为之沸腾，准备迎接这位年仅十四的公主。

为了要留给公主好印象，当局禁止畸形的人出现在公共场所，包括挂着拐杖或皮肤溃烂之人。不少人批评这项充满歧视与谎言的新规定，技痒的歌德也顺势写了一首法文诗：耶稣基督立意拯救生病及瘫痪之人，公主却厌恶不幸的人；对照之下，朱门酒肉隐然有腐臭味了。看过这首诗的朋友并没有劝他不要这么尖锐，反而是一位法国邻居严加挞伐：格律不工整，连法文都蹩脚得很！歌德气坏了。

华丽的队伍抵达城门的那天，二十岁的歌德当然不想错过这难得一见的场面，美艳高雅的公主坐在一辆玻璃马车上，状似愉悦地与一旁侍候的宫女低语，她的一颦一笑尽入围观欢呼的子民的眼帘，而她一点儿也不忸怩。

这几天施特拉斯堡是座不夜城，街道上装饰着彩灯，大教堂的尖顶更是闪耀着熊熊的火光，远观近玩皆不腻。

短暂停留之后，玛丽公主继续上路，老百姓照旧过起寻常日子。她平安到达巴黎的消息才传过来，施特拉斯堡旋即笼罩在愁云惨雾之中。隆重庆祝婚礼的那几天中，巴黎处处大放烟火，有一条挤满了人的街道摆满了建材，和一条死胡同差不多，烟火巨大的声响加上人们的欢呼声让马匹受到惊吓，而驾车的人一时控制不了，许多人就这样死于马蹄和车轮之下，没有逃生之路。

婚礼的喜庆味儿不容破坏，于是那些面目全非的尸体被悄悄下葬，连家属都来不及通知。当盛典的喧嚣渐歇，失踪人口愈来愈多时，这个悲剧才浮出水面。可惜歌德写的那首法文小诗并未保存至今，也许他针砭时政甚于舞文弄墨，所以才激怒了他的法籍邻居？1793 年法国大革命如火如荼之时，玛丽皇后与路易十六以叛国罪上了断头台；两相对照，谁不感慨世事难料？

这个不幸事件却也给了年轻的歌德一个灵感。他修书一封寄往莱比锡，给那位看不惯他初抵莱比锡时新造型的约翰，信的内容大抵如下：他平安抵达凡尔赛，为的是让双眼饱尝这场世纪婚礼的奢华；报道各项庆典的同时，他要求约翰严守秘密，因为他不希望莱比锡的小圈子知道他不务正业，专程

从忧郁到丰美
——歌德的精彩人生

施特拉斯堡的大教堂

去看劳什子皇室婚礼!

不让他说出去,摸透约翰脾气的歌德知道,他将只好和自己沙盘推演,给约翰一团疑云,他就有本事扩大侦办范围,况且这家伙的至乐之一就是拨云见日!

寄出这封信之后,我们的诗人为自己安排了一个为时十四天的旅行,这当儿豪华婚礼外一章的惨事也传到了法兰克福。才接获歌德寄自巴黎信简的约翰,惊恐又伤心地推测歌德已经死于那场灾难,成了群葬中的无名尸!他旁敲侧击向歌德的父母及友人打听,发觉他们这两星期来都没有收到施特拉斯堡的来信!

约翰非常担心自己的揣测会成为事实,而他不知该如何告诉伯父、伯母……十四天过去了,故弄玄虚的男主角回到施特拉斯堡,写信给父母报平安。很幸运的,这封信比约翰传达噩耗的信早一两天寄达,所以法兰克福的家中并未发出白发人送黑发人的悲鸣。歌德"活着"回来,朋友们都为他高兴,远在莱比锡的约翰简直流下喜悦的泪水,但人人都认定他去巴黎走了一遭!他体会到浓郁的关怀之情,发誓再也不恶作剧了。

还是散步吧。明人张岱在《西湖七月半》中信笔拈来:"西湖七月半,一无可看,止可看看七月半之人。"这话用来形容歌德散步时的心态倒也贴切。施特拉斯堡人呼朋引伴散步去也,待字闺中的淑女当然不放弃这个机会,打扮得玲珑剔透。她们的服装尤其赏心悦目,裙子的剪裁仍然保留古风,一层又一层,裙撑悄悄透露着曲线,长长的裙摆大大限制了她们的行动,只好莲步轻移,好不婀娜多姿!中等家庭的女孩流行把青丝绑成麻花辫,盘起来,再用簪子固定,眼波流转处,韵味十足。

哦,原来这儿的人也重视穿着;歌德已经嗅出来了。这回他应该从哪儿做起呢?没错,从头做起。理发师说他头发留得太长,前额的头发又太少也太卷了,所以梳不出他希望拥有的发型。理发师认为,把长长短短的头发梳起来，绑一条辫子到脑后，最称歌德的脸型与身材；为了安然度过一首飞蓬长齐的这段时光，以他专业的看法，一顶假发再适合也不过了。

"任谁也看不出来这是假的！"在他的鼓吹之下，歌德晕陶陶出了店门。时值炎炎夏日，莱茵河边的草地及花园盛产一种长腿大蚊子，毛躁如他往往手脚并用与之奋战，现在这些大动作，包括激昂的辩论，都被"笑莫露齿，立莫摇裙"所取代了。等到头发长齐，他也脱胎换骨，蜕变为镇定自持、优雅合度的青年！

觉得自己处于身心最佳状态的歌德，下一步打算向自己的弱点挑战。他厌恶巨大的声响、畸形的东西，一登上高处便觉头晕目眩；他于是展开魔鬼训练。

晚上熄灯号吹起，他走到鼓的旁边，置身威力十足的鼓声中，心脏几乎要爆裂。他独自登上大教堂的尖顶往下看，起码一刻钟，直到他终于有胆子站在一个极狭窄的平台上，把脚伸向空中为止。

解剖课帮了大忙，血淋淋的场面他目不转睛，更去上了接生课。此外，墓地、荒凉的地方和教堂，那些鬼影幢幢、绘声绘影的处所，他都选在晚上只身前往，几次之后，他发觉白天与黑夜无分轩轾，他的心情始终能够保持平静。

在青春飞扬的时代，我们的诗人多方尝试，读书不忘玩乐，想起了久已荒疏的舞步。小时候父亲教他和妹妹跳舞，小兄妹一看到严肃的父亲手舞足蹈，便忍不住咯咯笑。练习小步舞曲时，父亲吹起笛子为一双儿女伴奏，好让他们跟上拍子。跟不上拍子，手和脚都乱了套，连父亲也被逗笑了，脸上的肌肉松了绑，干脆跳起猴子舞来！

葛蕾卿离去后歌德无精打采好一阵子，接着又到莱比锡上大学，简直忘了跳舞这件事，偶尔参加舞会，节拍与他的身子各行其道，大为扫兴的女伴往往扬长而去，留他一个人呆立舞池中。跳舞在施特拉斯堡也算全民运动，公园绿地到处可见翩翩起舞的人影，乡间别墅所举行的私人舞会更是寒冬最受欢迎的节目之一。

朋友建议歌德先去上课暖身，为他介绍了一位法籍老师。他一股脑儿缴了十二堂课的学费，认真练起舞来。舞伴不成问题，因为老师有两个不满二十的漂亮女儿，都是舞林高手。他进步得很快，小步舞曲跳得灵活，于是老师改教华尔兹，并亲自拉小提琴为他们伴奏。

这父女三人相依为命，教舞的收入不多，只能维持起码的生活，所以两个俏丽的女儿苦无社交节目。有时歌德下了课，只会说法语的她们就和他聊

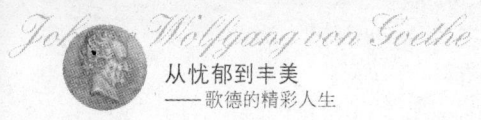

从忧郁到丰美
——歌德的精彩人生

天解闷儿,并且朗读小说助兴。

相较于端庄的妹妹爱蜜莉,姐姐绿熙德艳光四射又热心,每一堂课都来帮忙,而妹妹一定要等父亲召唤才肯接手。

这一天晚上歌德刚上完课,正与姐姐走进客厅之际,她忽然停下脚步。

"我们在这里再待一会儿,我要老老实实告诉您,我妹妹的房间里有客人,是一个用牌算命的人。她说我妹妹会碰到一个她深爱、把所有希望都放在他身上的外国人。至于我呢,却乏人问津。"歌德说了几句安慰的话,又说她应该再去问问那个未卜先知的人,而且他也很想多知道一些,虽然他未必相信怪力乱神。

"预言当然可信,只不过态度要正经,更不能亵渎神明,要问真实的愿望。"她说。歌德点头称是,表示等算命的仪式告一个段落,就陪她去爱蜜莉那儿。

爱蜜莉一如往常那样亲切,看起来心情非常好;大概是因为良人有了着落吧,歌德想。

算命的老女人在进行了固定的仪式之后,先为绿熙德占卜未来,她仔细地注视排出来的牌,欲言又止。爱蜜莉插进来说:"看得出来您很犹豫,不愿向我姐姐透露她不想知道的事情;这是一张受诅咒的牌呀!"

绿熙德脸色乍白,随即镇定下来,说:"尽管说吧,又不会死人!"

老女人长叹一口气,悠悠道来:她爱,不被爱,有另外一个人介于其间。

绿熙德显得有点儿尴尬,老女人说事情还有转圜的余地,希望就藏在信件和金钱之中。

"信,我不期待;钱,我也不喜欢。如果您说的是真的,我爱,那么我就会赢得一颗爱我的心。"

"我们来看看有没有好转的可能。"老女人一边说,一边重新洗牌,结果比前次还糟:绿熙德不仅孤单,身边另有不愉快的事情;那个男人距离稍远,但介入者靠近了一些。

不待老女人洗第三次牌,看看是否有转机,绿熙德抽抽噎噎地哭了,转头跑回房间。歌德不知所措,若论心意,他想留在爱蜜莉这儿,但同情心又劝他去找绿熙德,真是两头为难。

"去安慰绿熙德,快追她去。"爱蜜莉说。

这不是跳入黄河也洗不清了?歌德暗暗叫苦,"我们一起去吧。"他不失狡猾。

"我不知道她愿不愿意我在场。"爱蜜莉答道。

他俩来到绿熙德的房前，门拴上了，没有任何回应。"我们只能听其自然，现在她什么也不要！"

呆头鹅当下恍然大悟，自从认识姊妹俩以来，绿熙德就忽冷忽热，东山飘雨西山晴，原来是对他有好感！但是，他又能怎么样呢？他付钱给那制造了这场灾难的老女人，只想离开现场，但爱蜜莉忽然说："我要您现在也用牌算命。"

"别把我扯进去！"歌德说完急忙下楼。

第二天他没有勇气上门，第三天一早爱蜜莉差人来传口信，请他今天务必出席。于是他按照平常的时间去上课。这次教室里只有那位父亲指导歌德的舞姿，嗅不出任何异样，课即将结束时，爱蜜莉过来与他跳了一段妩媚非常的小步舞曲。她跳得比平时轻灵，父亲老师赞不绝口，直夸他俩配合得天衣无缝。

下课后歌德依例再留一会儿。客厅里只有他和爱蜜莉两人，他于是问起绿熙德。

"她在床上，"爱蜜莉说，"看到您并不烦恼真让我高兴。"

这话中有话，他默不作声。

"要医好她的心病，无非她先以为自己的身体真的生了病；她可不希望死，会照我们的意思做的。家里有些药，她服用后好好休息，慢慢就会风平浪静了。生一场幻想中的病她最在行了，其实她好得不得了，只不过被热情冲昏了头，琢磨着各种浪漫的死法，而她最不愿意的，就是死得太痛快。昨天晚上她还在跟我说呢，这次恐怕难逃一死，一旦死神果真来临，应该把那没良心的男友，那个一开始对她甜言蜜语，后来又换一副嘴脸的家伙，带到她跟前。她将厉声责备，然后才闭上双眼。"

"我是无辜的！"歌德脱口而出，"我不曾对她表达过任何倾心，而且我知道有一个人可以证明这一点。"

爱蜜莉微微一笑，间接同意了后面那句话。"我懂您的意思，假使我们不够聪明果断，都会遭殃。若我拜托您不要再来上课了，您怎么说呢？上个月您还有四堂课没上，我父亲说不好意思再收您学费了，除非您有心追求更精湛的舞蹈艺术；事实上您已经相当不错了。"

"要我离开这里，是您的意思吗，爱蜜莉？"

"没错，但不是我一个人的意见，您听听就好。前天您匆匆离开后，我请那人帮您算命，同样的预言出现了三次，而且一次比一次坚决。"

他心跳加速。

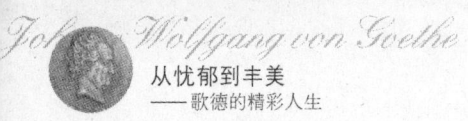

"您什么都不缺，身边围绕着朋友与贵人，钱也不虞匮乏。姑娘们与您有些距离，我可怜的姐姐尤其遥远；另外有一位女孩却愈来愈接近，只不过从来不在您身边，因为这中间有个第三者。"

额上冒汗了，不知接下来她又会有什么惊人之语。

"我只是要告诉您，我想我就是那第二个女孩。"

天啊，这信息是好是坏？

"在我向您告白之后，您不难理解我为何如此建议了吧？我已经把我的心给了一位远方的朋友，到目前为止我爱他胜过一切；但对我而言，您现在比以前更有分量。您夹在两姊妹中间，一个因您对她有好感而高兴，另一个则因您态度冷淡而很不快乐，这场折磨来得如此之快，又毫无意义。因为我们既不了解您，也不清楚您的意向，不过，牌是这样告诉我的。祝您安好！"

歌德听完之后，正犹豫着要不要握住她伸过来的手时，她一边说话，一边把他引向门边，"这是我俩最后一次说话了。"说完她倚在歌德的肩头，然后温柔地亲吻他，而他也热切地回应。

缠绵的当下，侧门忽然开了，穿着薄纱睡衣的姐姐跳了进来，激动地说："你不可以单独和他道别！"

于是爱蜜莉放开他，轮到绿熙德抓住他。偎在他的胸前，她黑色的鬈发扫过他的脸颊，如此这般过了好一会儿。

眼前的画面完全符合爱蜜莉刚才的预言，歌德身陷姊妹花的重围之中！

绿熙德终于站直了身子，严肃地端详他的脸。他很想拉住她的手，说些善意的话，但她避开了，踏着重重的步伐在房间里走来走去，最后跌坐在角落的沙发上。爱蜜莉走向她，未及开口就被赶走了。

"这不是第一颗喜欢我、但被你偷走的心，"绿熙德的嘴里炸出千百种谴责，"那个和你秘密订婚的人也一样，而我必须看着这一切发生，强自镇定，不知流了多少眼泪，现在这位你也从我手里夺走了。我太坦白也太傻，难怪别人以为甩掉我几乎不费吹灰之力。而你，躲在暗处不动声色，别人总想你技高一筹；但是，除了一颗又冷又硬、自私的心之外，你其实一无所有，只知道让别人当炮灰。"

爱蜜莉不发一语，坐到她姐姐身旁，姐姐愈说愈激动，她试着安抚，偷偷使眼色给歌德，要他离去。绿熙德虽然嘴上没闲着，却精准地瞥见两人眉目之间的暗语，她一跃而起，不慌不忙地走向歌德，说："我知道要失去您了，对您我没别的要求。"

然后她转脸对爱蜜莉厉声说道："你也别想得到他！"

说这话的同时，她一把攫住歌德的头，双手在他的鬈发间游走，捧着他的脸，一再亲吻他的唇。"现在，"她朗声说道，"第一个在我之后吻这嘴唇的人，不幸接二连三，祸害连连！谁还敢和他在一起！我知道老天爷在听我说话呢。您哪，快走，快快走！"

歌德飞快走下楼，发誓再也不踏进那屋子一步。

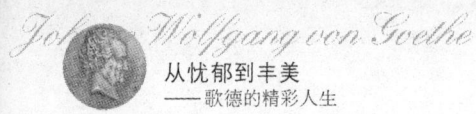

5 此情可待成追忆
施特拉斯堡
1770.10—1771.8

在施特拉斯堡期间,歌德时常骑马出游,1770年10月中旬的某一天,他与每天中午一起用餐的伙伴韦蓝(Friedrich Leopold Weyland)结伴同行。秋天的阳光和煦,他俩在莱茵河边的大道上骑马,在杜鲁森海牡(Drusenheim)稍事歇息之后,改走绿草如茵的小径,就在快到塞森海牡(Sesemheim)的时候,两人把马匹留在客栈里,安闲地步行至一间牧师的房舍。

那栋房子的外观颇为陈旧,屋内的布置倒是十分清新,让歌德联想起荷兰艺术的魔力。屋旁的谷仓及马厩都斑驳倾斜了,究竟要保留原状呢,还是重新装修?他也无法代为决定,但新旧之间似乎浑然天成,若忽略了前者,也酿不出后者的风味了。

屋子里静极了,好像没有人在家,甚至整个村落皆悄然无声。他们终于找到了隐遁于冥思中的男主人。被吵醒的牧师和气地向两位不速之客解释,他的家人还在田野间逗留呢。韦蓝自告奋勇要把女士们

为德国情诗投射灿烂阳光的俐芊

找回来，留下来的歌德便陪牧师聊天。

韦蓝并没有空手而返，他把女主人带了回来，一位风韵犹存的瘦削妇人。接着，大女儿也一蹦一跳地走进屋子了，"俐芊（Friederike Brion, 1752—1813）呢？"她问起妹妹。

女主人送来一些点心，韦蓝是当地人，轻松地与牧师夫妇闲话桑麻。大姐再度现身，她有点儿着急，因为妹妹仍旧不见人影。做母亲的开始担心了，柔声抱怨二女儿喜欢乱跑，只有父亲安详地说："不要拦她，她总会回来的。"

她果真出现在门口，手上还拿着一顶草帽，当下天空中似乎升起了一颗最惹人爱怜的星星！

姊妹俩都穿着德国式的服装。一条白色、滚荷叶边的圆裙，长度刚好盖住纤纤玉踝，配上一条白色的紧身围腰以及一条塔夫绸的围裙，俐芊这身搭配既有农家女的淳朴，更有城市少艾的明媚，妙的是摆荡于两者之间的风情很适合她。她很苗条，体态轻盈，仿佛身心均无牵挂；走起路来，两条金发麻花辫款款摇曳，更显头颅小巧。一双浅蓝色的眼珠张望时必定锁定了某个目标，端庄的鼻子自在地打量一切，好像这世上什么烦恼也没有。

宾主摆开龙门阵，两姊妹相当健谈，一时间有那么多亲戚好友的大小事情灌进歌德的耳朵里。俐芊问他会不会玩牌，牧师却提议让客人欣赏一段音乐或歌曲。

大姐和俐芊轮流弹了一些曲子，琴艺不赖，只是那架钢琴早该请人调调音了。接下来俐芊唱了一首歌，她没有把曲调中应该含有的淡淡哀伤表达出来，因而脸上隐然有红晕，站在那儿笑着说："如果我唱得不好，不能怪钢琴或调音师；我们出去走走吧，您就可以听我唱唱阿尔萨斯（Elsaβ）与瑞士的小调，那好听多了。"

晚餐时小弟也回来了，好酒斟了一杯又一杯。歌德好生诧异，因为他突然觉得身处这家人之中他是如此真实。他观察眼前这对夫妻，都是平凡人，却又无与伦比，尤其是女主人娴静快活，就是最好的证明。

韦蓝见歌德不胜酒力，行事谨慎的他说，趁着月色美丽，何不去散步呢？他挽着大姐的手，歌德拉起俐芊纤细的手臂，一起走向辽阔的田野。脚下的土地在无限延伸的夜空中变得轻飘飘，俐芊的话语却清晰非常，"她让黑夜变成了白昼。"歌德想。她聊的无非是周遭的人和事，描述他们的生活。

"我希望，"她停下来看着他，"您不是个例外，每一个光临过我们家的陌生人，日后都有机会去拜访他们。"

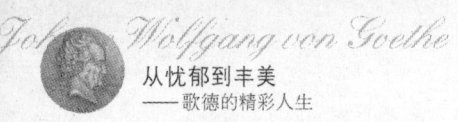

从忧郁到丰美
——歌德的精彩人生

静静地听她诉说她的小世界真是愉快，每件事情都在他身上产生奇妙的效应。他骤然感到一股深深的遗憾，恨不更早相逢，与她一起共看朝霞与夕阳！他同时感到苦恼又嫉妒，讨厌那些到目前为止有机会分享她小天地的人。

他竖起耳朵听，俐芊讲起那些邻居、表哥、堂哥时，总是直呼其名，一会儿这，一会儿那，歌德的注意力也随着左旋右转。他希望在这个毫不熟悉的关系中抽丝剥茧，理出个远近亲疏来。俐芊愈说愈起劲儿，他却益发少言；她的声音清脆悦耳，五官与全世界一样没入昏暗之中，歌德反而因此觉得走进了她的心灵。那颗心想必纯净非常，因为它在这场无拘无束的闲扯中为他而打开。

和韦蓝回到旅店，歌德连忙打听俐芊有没有谈过恋爱，是否现在已有心上人，她许配给谁了没有。

"没有，都没有，"韦蓝一迭声否定。"真的！"歌德欢呼，"这位可人儿我真不懂，即使她曾经爱过、失去所爱、又找回了自己，或者她成婚在即，这两种情况我但愿都能接受。"

1770年10月15日，初相见的悸动让歌德提起笔来，他有千言万语要细诉，落笔的刹那却犹豫了起来。

"亲爱的新朋友，这么称呼您，我一点儿也不迟疑，因为我在您的眼神中发现了对这份友谊的期待，所以我也坚信我们两颗心的友谊；您，如我所认识的，温柔又善良，您难道不该对我——因为我如此喜欢您——更好一点儿吗？"

不行，太坦率也太直接了！他涂掉另起一段：

"亲爱、亲爱的朋友，

我是否有什么事情要告诉您，当然；但我是否恰好知道为什么偏偏是现在想写信，又想写些什么，则是另一回事了；我只感到某种中内不安，那就是我企盼在您那儿。"

这样的开场白含蓄多了，于是他继续写道："在这种情况下，对身处嘈杂的施特拉斯堡中的我而言，一小张纸竟成如此真实的慰藉，一匹长了翅膀的马……"

接下来他描述回程时的不顺，他与韦蓝一时兴起抄捷径，结果在沼泽地迷路了，一场倾盆大雨又来凑热闹，真是狼狈不堪。好不容易回到旅店，首先涌上心头的是一路与他相伴的喜悦：他要再见到她。

他说："我们的心被宠坏了，稍有不适就立刻服药，并且说：亲爱的心啊，安静下来，你不会离你的所爱太久；安静下来，亲爱的心！然后我们给它一幅剪影，总算有点儿什么了，于是它变得机灵，安静得像妈妈给他一个玩偶，而非苹果的小孩，虽然娃娃不能吃。"

夜阑人静，他益发怀念乡间的静谧，今天他见过的人，生活简单却个个乐天知命，俐芊口中的街坊与亲友，素朴且怡然自得。"姑娘呀，施特拉斯堡从未这般空虚过"。

破晓时分歌德就醒了，睡得不多却精神振奋。快快梳洗妥当，是否就能早早见到她的倩影呢？忽然他看所有的衣服都不顺眼，一件一件试，愈来愈觉得自己像个低声下气的小瘪三！那一头乱发尤其令他心浮气躁。最后他勉强把自己塞进一袭灰色的衣裳里，那短短的袖子土里土气，他六神无主又懊恼。

韦蓝挂在椅子上的那套衣裳倒是称头，他觊觎很久了，要不是尺寸不合，他早就公然夺爱了。韦蓝被翻箱倒柜的声音给吵醒了，看见他怏怏不乐呆立镜子前，朗声笑道："不相称哩！"

歌德气呼呼地说："我自己知道该怎么穿！"

"你疯啦！"韦蓝也提高嗓门儿，立刻跳下床想拦住他。

但这当儿他跨出了门，跑下楼，转眼间已经跃上坐鞍，飞驰城外也。一段路之后他放慢了速度，同时发现了一个严重的问题：他愈骑愈远，事实上他根本不想离开，但求一见，但求一见。心情有若失控的秋千，才恢复平静，焦急瞬间又催促他快马加鞭；他当下决定回客栈换衣服，同时换一匹马。

正扬鞭之际，一个人影蓦地浮上心头。旅店老板的儿子个子和他差不多，那身工作服干净又整齐，况且清晨他骑马离开时，在路上碰到起早干活儿的小伙子……

马儿重新掉回头，不消多时歌德便来到这个小伙子的面前，说服小伙子借一套衣服给他并不难，因为他也喜欢恶作剧。

他以坐骑抵押，换上小伙子逢年过节才穿的衣服。小伙子的评语他再满意也不过："如果你希望自己看起来像个穷光蛋，这就对了。"他靠这身装束，帽檐压得低低的，眉毛上再抹一些煤灰，手捧一个刚出炉的蛋糕，佯作代产妇送礼物的农家子弟，堂而皇之往牧师家前进。

当他躲在田野间的一棵树下时，倦意涌上，他跌入甜美的梦乡。俐芊走近细看，于惊讶中识出了他的庐山真面目。

"今天早上的事我们都知道了，"俐芊说，"后来又发生了什么，现在您得告诉我。"他坐过去，感动莫名，说出口的竟然是他觉得自己昨晚的装扮太荒唐，今早一心改善却不得要领，气得夺门而出云云。她白皙的脸颊渐渐

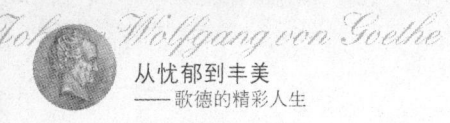

从忧郁到丰美
—— 歌德的精彩人生

染上浅浅的玫瑰色，这一番絮絮叨叨无疑是一场爱的告白。能再与她相见多快乐啊，他高兴地在她的手上印上轻轻的一吻；老天，她没有缩回去！

他滔滔不绝，把昨晚堵在胸口的话一股脑儿向她倾诉，不曾留神俐芊若有所思，沉默不语。她深深地叹了几口气，他于是再一次为自己刚才唬人的举动致歉……这样不知道过了多久，直到听见姐姐叫她的名字。

这天中午他受邀在牧师家用餐，韦蓝也在座，没有人斥责他装神弄鬼，反而异口同声：这桩意外为恬淡的秋日添上了愉快的色彩。

饭后有人想去散步，韦蓝却提议歌德即兴说个故事。大伙儿移步至宽敞的阳台，周遭淳朴且单纯的氛围给了他泉涌的灵感，他开口说讲起《新梅露西娜》（*Die neue Melusine*）。

"一个游手好闲的年轻男人结识了一位只身赶路的女孩，女孩貌美如仙，随身携带一个小匣子。他帮忙把行李从马车上搬下来时，女孩强调要小心侍候那个小匣子，千万不能晃动。为了答谢他，女孩请他吃晚饭，他发觉自己情不自禁爱上了她。当他鼓起勇气向她示爱，她婉拒，提议停留当地期间由他来负责保管小匣子，酬劳是一个装满金子的钱包：每到一间客栈，小匣子必须放在一个独立的房间的桌上，虽然有一把万能钥匙，但谁都无法随意开启盒子。

年轻人不耐旅途寂寥，一有机会便一掷千金，吃香喝辣并赌博，原本鼓胀的钱包终告用罄。单独咽下无味的晚餐之后，懊悔的他在房间里绕圈子，女孩回来后，原谅了他莽撞的行径，这回她送他更多金子，'你必须在这个世界上多走一些地方，然后我们才能重逢。'说完便离去。

隔天早上女孩芳踪无觅处，侍者打趣说，留在房间里的那个盒子里大概有用之不竭的钱与珠宝吧。年轻人捧着匣子上路，心想以后要多多观察这位似乎有不少秘密的姑娘。

他积习不改，很快又与另一位女子往来密切，花钱如流水，但钱包一点儿都没有干瘪下去的迹象，他数了一下，分文未少！他忘了女孩的警告——远离女人和杜康，重新过起浪荡的生活，流连于歌台舞榭，买醉狂欢。没多久钱包就缩水了，而且还欠下不少款项呢。他埋怨女孩避不见面，计划当晚就要打开匣子一探究竟。

就在这天晚上他与人发生冲突，一言不和动起手来，结果是他伤痕累累。等到外科医师处理好他的伤口时，已是夜半时分，神秘的女孩忽然出现了，她陪他说话，用香膏按摩他的太阳穴。惊喜之余，他激动地叙述相思之苦与彷徨无助，若女孩不接受他的爱，他也不想活了。说着他扯开纱布，却意外地发现原本极深的伤口霍然愈合，而女孩也依偎在他的臂弯中。

　　从此他俩结伴走遍大江南北，一天夜里他醒过来，察觉马车顶棚露出一丝灯光，仔细一看，是从小匣子的缝隙发出来的。敢情那是一颗硕大的红宝石？他悄悄凑过去，贴着裂缝看。令他目瞪口呆的是，盒子里是一间藏有无数珍宝、一应俱全的房间，壁炉中的木柴烧得正旺呢。他屏气凝神继续窥视，房内有一位小姐，坐在壁炉旁的沙发上看书，偶尔用一把小巧玲珑的钳子拨火，是他的心上人，准没错，虽然是一个袖珍版！

　　是夜他思绪万千，一时间不太能相信亲眼所见，难道在做梦？想累了终于睡了过去。第二天他说服自己那当然是一场梦，但看到女孩时竟觉有几许陌生。晚上她一袭纯白衣裳来找他，昏暗的灯光把女孩的身影拉长；他记得以前听人说过，要识破精灵与小矮人的真实身份，唯有观察他们的身量在夜幕低垂时是否会加长。

　　'我都知道了，你在我休息的时候偷看过我，现在我必须离开你，再相见不知是何时。'女孩说。

　　他央求她想个办法，指天发誓今后一定恪遵规定，只要能与她厮守一辈子！

　　一路奔波，他花心依旧，酒一沾唇便故态复萌。抵达一座茂密的森林时，女孩取下左手的一枚金戒指，戴在他的手上，作为他洗心革面的交换条件。霎时剧痛袭来，戒指紧箍，他全身扭曲，痛苦地呼喊。等到神志恢复时，他发觉身边站着方才遍寻不着的女孩，而他自己变得和她一样迷你。

　　精灵国的国王，亦即女孩的父亲，在他们拜谒时说，婚礼各项细节都已准备停当。他听了心头一惊，因为他长久以来极端排斥婚姻，程度一如音乐之于他乃不可忍耐。

　　婚礼上演奏的音乐恰似夫妻之间无休止的竞争，这个音若拔尖，立刻被另外一个音或乐器压下去；新郎官暗想，喜气洋洋的音乐尚且如此，不和谐之音想必更为不堪！宴会上推出一道道珍馐，但他无心品尝，决定天一黑就躲起来，免得魔音穿脑。

　　婚后的日子诚然快乐，但寂寞总在不经意时闯入。他发觉身量缩小之后，小口尝美食、酌量品酒，滋味美极了。但他未曾忘怀高大身形的过去，大口喝酒、大块吃肉亦是痛快，一思及此便感到怅然若失。有时他梦见自己变成了一个巨人，郁闷不免又增了几分。

　　他明白整个魔咒都藏在他脱不下来的戒指中，就从御用金匠那儿偷来了几把锉刀，别看戒指薄而细，却是愈磨愈厚，但他不死心。眼看着就快磨穿

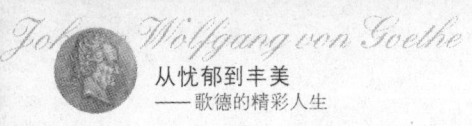

从忧郁到丰美
——歌德的精彩人生

的那几天，他灵机一动倚门而立，果然金戒指从手指断裂之际，他的身材立刻恢复原来的尺寸，幸好他已冲出门外，没有捅破精灵国的穹隆！

从昏迷中醒来之后，首先映入眼帘的，是一个沉甸甸的首饰盒。走在小路上，他伸手探向钱包，显然没有盘缠了，只有一把精致的钥匙，他用这把钥匙打开了那个首饰盒，哇，下半辈子吃穿不愁！他先买了一辆马车，后来卖掉马车，以便支付搭邮车的费用。他过日子漫无节制，总是期待每次都能发现满满一盒子的元宝，到后来不得不把首饰盒也变卖了。几经周折，他回到最初那家旅栈，在厨娘的灶前打下手，挣个温饱罢了。"

这个故事取材自民间传说，歌德保留主要内容，在人性的弱点上着墨，凸显"逾越"的后果。说书人沉醉其中，听众的好奇心一发不可收拾，只想解开那猜不透的谜；枝头的小鸟，簌簌的风，好像也在听故事。他轻松完成了韦蓝交给他的任务。

听众们意犹未尽："你写下来嘛，歌德，我们想多看它几次，有时也可以朗读给别人听呢。"

这个建议无疑让他取得了经常登门造访的通行证，求之不得啊。

回到城里，歌德想收收心念书，毕竟此行的主要目的是取得学位，他希望自己高分通过博士考试。有一天吃过午餐后，他的喉咙像被绳子紧紧勒住一样，非常不舒服。一样的症状反复发生几次之后，他无意中发现只要喝一口红酒，快要噎死的感觉便瞬间消失；他又注意到，一旦他来到佳人所在的塞森海牧，就不会有这种不适，难怪他喜欢去那儿逍遥游。

用功读法律之外，他仍然十分投入医学系的课程，有一次喉间的压迫感前所未有地剧烈，他索性搬到大学附设的医院里，得空便跟随名师艾尔曼（Johann Friedrich Ehrmann）巡视病房，牢记各种疾病的症状与重要细节，累积起来的医学知识使他逐渐卸除对病患莫名的恐惧及憎恶。

转眼学期接近尾声，艾尔曼上最后一堂课时，把他习于灌输给学生的病理放到一边，今天他心情特别好，朗声说道："先生们！眼看着就要放假了，要好好利用，用来鼓舞自己；求学不应该只是认真和用功，也要以快活与思想自由来探索一切。你们要活动筋骨，步行或骑马穿越这美丽的土地；本地生要对习以为常的事物萌生新的喜悦，外地生呢，当然应该从各方面收集崭新的印象，并且留下一个美好的回忆。"

这番话是说给我听的！他仿佛听到来自天上的声音，快，刻不容缓！马匹准备妥当，他也换好了衣服；写张便条给韦蓝吧。意气风发的他急着上路，如烟的尘沙滚动着，竟不觉皎洁的月亮已高挂夜空，刮起了比白天强的风，空旷的郊外鬼影幢幢；但他不想等到第二天清晨才看到她！

当他把马儿拴在塞森海牡的旅店时，天色已经晚了。"牧师家的灯还亮着吗？"他问掌柜。"女孩们才回家哪，大概是要等某一个人吧。"

她怎么可以等别人？他脚下加快，至少要赶在"那个人"之前到达！

这对姊妹花正坐在门前聊天，见了他并不特别惊讶，俐芊附在姐姐的耳朵上："我不是说嘛，就是他！"她把歌德带进屋子，为他送来果腹的点心，母亲也来打招呼。不速之客受到诚挚的款待，牧师家第二天要大宴宾客，乐意多添一副刀叉。

恋人相聚的时间往往匆忙，他俩有独处的甜蜜时光，也有与众同乐的时候。他觉得俐芊在户外时比平时更动人，走在隆起的小径上时尤其妩媚，她优雅的举止和脸上一抹不褪色的愉悦似乎在与开满鲜花的土地及蓝天竞赛。环绕着她的苍茫令人神清气爽，而她也把这种气氛带回家中；闹哄哄的厨房里有收拾不完的狼藉，有她来处理，接二连三发生的小意外也被安抚了。

散步时她神游八表，却又展现填补谈话空隙的慧心，当她忘了或遗失了什么，唤回远走的亲友，订购必需品，在田埂或草原上疾行，总是心闲气定。她有如一只笃定的小鹿，轻快地飞奔过发芽的庄稼。

一天夜里歌德沉入黑甜乡，突然觉得口中即将喷出温热的鲜血，他惊醒了过来，一时间不知身处何处，眼前浮现出不同的画面：绿熙德涨红的腮帮子、亮晶晶的眼睛，哀怨地说出威胁她妹妹以及其他人的诅咒；俐芊站在她对面，被当下这一幕吓得脸色发白，虽然她不明白事情的始末，却感受得到咒语的效果；他站在两人中间，无力阻止预言中吻所带来的灾难，娇弱的俐芊使得这场不幸加速，她对他的爱更让他觉得不祥，只希望早点儿脱险。

第二天早晨他发觉嘴唇破了，那不是梦！是真的？那些血混淆了他的思维，他深感困惑，相对于前一天的兴高采烈，他陷入无边无际的沮丧之中。这场似梦非梦在潋滟的爱河中埋下了汹涌的暗潮，他前途未卜，怀疑自己是否能甘于平淡，与所爱携手在此度过一生。

差不多就在这个时节，俐芊陪母亲和大姐进城来探望亲戚，正埋首写论文的歌德暂时放下学业，责无旁贷充当她们的护花使者。母女三人到亲戚家走动，他们早就耳闻大学生歌德轻骑下乡的韵事，也听说了他文采斐然，有一天晚上特地请他朗读整本《哈姆雷特》呢。

俐芊在浮华的城市里不改本色，倒是她的大姐再也无法忍受身上那件德国式服装，与别的小姐相比，她起码缺了一百件饰品！歌德也发觉一点，他已经习惯了乡居的俐芊，与她在树枝摇曳、溪水潺潺、花草随风而动的画面

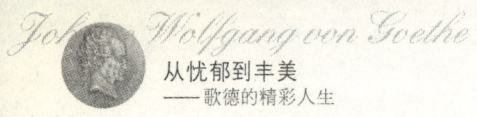
从忧郁到丰美
——歌德的精彩人生

中约会,现在他却得在城市里拥挤、铺着地毯,有镜子、立钟及陶瓷娃娃装饰的房间里与她见面,心里老觉不踏实。

当母女三人终于踏上归途,他心上的石头也落了地。但不知怎的,原有的无忧无虑悄然隐退,再见到俐芊时,虽然他仍旧享受出双入对的微醺感,但炽烈的情意竟然使他心头一惊。他不得不保持距离,减少与俐芊见面的次数;他不想伤害她。

她深感不解,虽然他信写得勤快。愈是熟知他的生活与课业进展,他徘徊于不确定之间的情愫就更加晦暗,她当然大受打击。

相聚时,她的一颦一笑好似发出无声的谴责:为什么他在欢乐的时刻心中也驻足着一只愁苦的夜莺?他想,幸福被他吓跑了,再也回不来。

1771年5月末至6月中,短短三星期中他写了三封信给萨尔斯曼,欲语还休地向这位亦师亦友透露他的迷惘。

"当暴风雨骤降,阵风多变时,我的脑子就像一面风信旗。"在莱比锡的那段日子里,凯欣对他忽冷忽热,而他拿不定主意之时,也曾经以"一面转了又转的风信旗"来形容自己的心境。

"我颠踬的心灵有如教堂尖塔上测风向的公鸡。"

"你孩提时期的梦想不都实现了吗?有时我问自己。当我的目光望向宁静的地平线时,那不就是你渴望的仙境花园吗?——是的,那正是!我感觉得到,亲爱的朋友,我也深知,谁要是获得了他梦寐以求的东西,没有比这更幸运了。安可曲!安可曲!命运为我们的幸福欢乐添加了何等不幸!亲爱的朋友,在这世界上若不想心情恶劣,得花不少力气呢。"

他心情恶劣,举棋不定。俐芊绝口不提他即将离开施特拉斯堡的事实,待他一如往昔。相见争如不见,最后几天他在热望与混乱中熬过。终须一见,临上马之际,他将手伸给她,泪珠在她眼眶中打转,他感到无比失落。

途中他突然产生强烈的预感,他看到——不是用肉眼,而是心灵的双眸——自己在相同的一条路骑马过来,穿着一件从未穿过的青灰色缀金的衣服。待回过神来,"他"瞬间消失。

他会回来的,这个想法稍稍抚平了离愁。

结束学生生涯,回到法兰克福后,他收到俐芊黯然销魂的信,为两人的关系正式画上终止符。他的心撕碎了也似,直到此刻他才感受到俐芊心头的痛,他不知道如何补偿她的损失,如何缓解她的忧伤。她活灵活现仍在他身边,他时时刻刻都愁眉不展,难以释怀。葛蕾卿被人带走了,凯欣离他而去,这一次却是他负了她,他深深伤害了一颗柔美的心,抑郁懊悔铺天盖地而来。

1779年9月25日，趁着去瑞士旅行之便，歌德在施特拉斯堡稍事停留，探视八年未见的俐芊；纯属巧合，他穿着与幻境中一模一样的衣服！

牧师的家人像以往一样招待他。"从前二女儿（俐芊）爱过我，多过我所配得到的，而我对她的情与爱也远胜于对别人。我必须离开她时几乎要了她的命，她轻轻跳过这一段，不告诉我她那时生了一场病。那一刻，当我出其不意在门槛上迎上她的脸颊，我们轻触鼻梁，她以如许多的衷心哄骗自己，而我觉得舒畅多了。我必须重复告诉她，即使些微的接触也唤不醒我心中任何往日情怀。她带我去那个阳台，在那儿我得坐下来，这样很好。我们有美不胜收的月圆，我问起所有人的近况。……我们回忆那段好时光中的胡闹嬉戏，我发觉这些全都历历在目，仿佛我才离开不满半年。老人家很真心，有人说我变年轻了。是夜我留在那儿，第二天太阳升起时，与和气的人儿告别，我现在满足地想着这世界上的那个小角落，可以与活在我心中的鬼魂和解了。"

写给密友冯·史丹夫人的这封信中，歌德显然刻意淡化与旧情人重逢的复杂情绪，"我必须重复告诉她，即使些微的接触也唤不醒我心中任何往日情怀。"用意为何不证自明。

俐芊终身未婚，住在姐姐、姐夫家，靠做手工以及教法文度日。她有一个小孩，生父是谁，没有人知道。歌德离开后，他的朋友伦茨（Jakob Michael Reinhold Lenz, 1751—1792）倾心于她，但他毫无机会。

因为始终，始终，始终
墙上的画仍然飘浮着，
一个人，他来
孩童般取走了她的心。
他的脸几乎已经被涂掉了，
但他语言的力量却没有。

伦茨徒呼负负。

记载这场重逢的还有第二个版本：

"途中我去看俐芊；发觉她少有改变，依然那么友好、体贴，温良一如以往，镇定且独立。大部分谈的是伦茨，我离开后他来到这个家，他想知道所有关于我的事情，所以下了许多工夫看我写的信，她终于察觉了，变得不信任他。同时他爱上了她，因为他认为这是唯一能获悉女孩秘密的方法；她

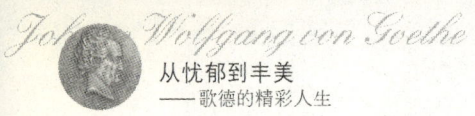

从此受到告诫，惊怯地拒绝他来访，益加退缩，于是他作势要自杀，可笑之至，然后人们宣告他疯了，把他送进城。她说他的目的是要对我不利，使我成为大家的话题，毁了我。"

伦茨确实精神状况不稳定。歌德的妹妹康内莉雅婚后住在埃门丁根，他正好也在那儿，受托代歌德照顾她，所以与施洛塞夫妇结为好友。康内莉雅早逝的消息传来，他震撼不已，导致精神分裂合并妄想症，时好时坏。后来他远赴俄国，死在莫斯科的街头。他与俐芊互动的情形谁也不得而知，细看他这段时间和朋友于信纸上谈论俐芊，以及因她激发出的灵感而写下的诗，无论修辞或诗风所蕴藉的浓烈情意在在媲美歌德，简直像双钢琴合奏！

俐芊的心扉不仅没有为伦茨打开，也拒绝往后登门说亲的对象，"被歌德爱过的人，无法再爱上别人。"她说。

与歌德邂逅之初，他狂风暴雨般的追求融化了她，激越的情愫让她毫无招架之力，两人徜徉在天与地织起的绵绵情网中。直到她进城探亲，而他认为她比较适合乡村风光，"不在场让我觉得自在，我的倾心才在远方真正绽放花蕾"，骤然冷淡下来，最后选择断然离去。

这段恋情为时不长，我们的诗人带着狂热、紊乱的心情完成学业，写下德国文学史上最美的诗篇《欢迎与离别》（*Willkommen und Abschied*）、《小花，小叶》（*Kleine Blumen, kleine Blätter*）、《五月节日》（*Maifest*），并在情思上首度心怀愧疚，而俐芊也成为令人叹息的人物。

也许诗人爱的当下并不期待一个长远的关系，他创作的才华以及成为艺术家的召唤太强烈了，无法勉强自己套上婚姻的桎梏。凡间女子俐芊把整颗心交给歌德，或许被辜负乃命中注定，因为天才需要更多的自由，如此方能成全他恣意挥洒的空间需求？

俐芊的一生留给我们一团谜，迷离的浪漫中有道不尽的委曲，同时展现了宽容与深情。歌德的自传《诗与真实》（*Dichtung und Wahrheit*）发表时，她惆怅的身影引发众人好奇与同情，争相一睹芳颜，居住过的小镇一夕之间成了观光重镇，车如流水马如龙。可惜她已香销玉殒十多年，歌德写给她的约三十封信也被她的妹妹有计划地焚毁了。从此经常有人专程拜访她硕果仅存的亲友，想尽量挖掘出不为人所知的秘密，试图把片断的记忆和叙述兜成一个有始有终的长篇，虽然成果极为有限，但余韵撩人。1866 年她的墓地修葺一新，碑上镌刻着艾卡特（Ludwig Eckardt, 1827—1871）的诗句：

"诗人因她而四射的一道阳光如此灿烂，致她于不朽。"

歌德唤醒了潜藏在她心中的深情，而她以挚爱回报，激发出他前所未有的创作力；施特拉斯堡与塞森海牡可说是歌德抒情诗的诞生地，德国诗歌因此展开新的扉页。若非俐芊柔情似水，歌德所迸发的诗情或许未必如此浓郁，自我探寻也许未若这般深入。二百多年前吟诵过《欢迎与离别》等诗作的人，烛光下有她，现代人赏读时，灯下也舞动着她的身影，千百年后亦将如此！我们当然心存感激，感谢她以个人的痛苦成就了歌德的诗兴和才情，虽非她所愿，但她勇敢地承受了一切。这段相遇决定了她的命运，歌德的泥中必定有她，此生不渝且举足轻重，这是她不朽的原因，也是她应得的礼赞。

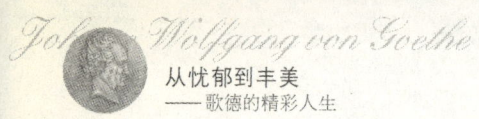

6　实至名归
聊备一格的博士学位
1771. 8. 6

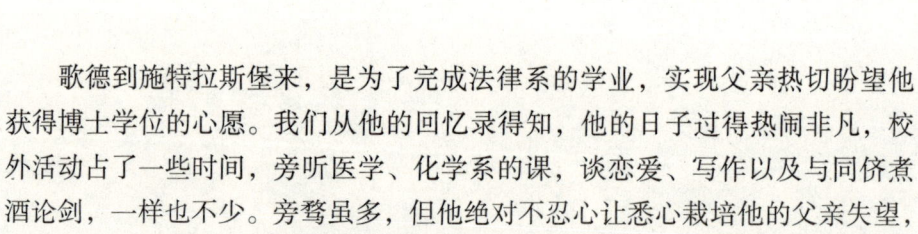

歌德到施特拉斯堡来，是为了完成法律系的学业，实现父亲热切盼望他获得博士学位的心愿。我们从他的回忆录得知，他的日子过得热闹非凡，校外活动占了一些时间，旁听医学、化学系的课，谈恋爱、写作以及与同侪煮酒论剑，一样也不少。旁骛虽多，但他绝对不忍心让悉心栽培他的父亲失望，所以，高分通过博士考试是他此行的首要任务，而他也努力朝这个明确的目标迈进。

我们先来看看要在施特拉斯堡大学获得博士学位有哪些步骤。

首先，以优异的成绩修完所有学分，包括通过一连串的考试，便成为博士名册上的候选人。其次，这个学生必须撰写一篇可获准参加博士考的文章，然后通过几场预试。第三，他必须交出一篇博士论文。关于博士论文的规定并不呆板，可以是长篇的论著，也可以是篇幅较短、论题形式的论文。

只要校方接受了，论著或论题不拘，接下来候选人要进行答辩；答辩时先摘要式地报告论文的重点，台下的同学及教授共同讨论、大加挞伐或者提出问题，候选人都必须回应以及回答。

倘若候选人顺利答辩完毕，便获得"Lizentiat"的头衔，或称等级。在歌德所处的时代，这个字所代表的价值与意义等同博士；今日的字义大不同矣。

完成了以上四个步骤，这位候选人就是博士了，但若他非要获得博士的头衔不可，就要砸钱办一场风光的奢华仪式。必须强调的是，"Lizentiat"和

"博士"在当时的德国并无分别,难怪很多候选人放弃申请所费不赀的博士头衔,以阳春的方式毕了业;老歌德那场庆祝十年寒窗光荣结束的盛会,可不是每个人都负担得起的。

1770年9月22日,大病初愈的歌德在施特拉斯堡大学注册,他不需要为入学许可撰写一篇论文,这是校方给优等生的一项优惠。成为候选人后的第三天,他顺利通过了第一场预试,接踵而至的第二场预试也轻骑过关。由此可见他不但有备而来,而且甫报到便迫不及待上考场,果真如他所言,一定要以速度赢回在病榻上虚掷的光阴。

短短五天之内通过两场预试,这意味着他有资格独立撰写博士论文。写什么好呢?他当然知道题目十分重要,既要先声夺人又要能表现他的专业知识。当令的话题是不成文法和狱政,写出长篇累牍的论文不但在时间上不经济,而且他对这两个题目的兴趣也不大。他于是重读一遍笔记,发觉自己对教会史远比世界史来得熟悉,而且有一股发自内心的研究热忱。

倾向于泛神论的歌德以教会史为题旨,颇令人感到错愕,我们几乎可以说歌德故意选了一个一不小心就可能激怒校方的题目,因为这样一来,他就不必挑灯夜战好几个寒暑,才能熬制出一篇质与量都厚重扎实的论文。

潜心钻研几个月之后,以工整的拉丁文写的论文出炉了,言论相当激进,表述的方式堪称大胆。歌德坦承不希望这篇论文被校方所接受,唯有如此才有机会走另一条捷径,亦即前面所说的,改写篇幅短小得多、论题形式的论文。

歌德将得意之作交到系上,系主任虽然赞赏有加,却告诉他:这篇论文隐含某种危险,歉难认定为学术论文而予以接受;但作者证明了他善于思考,因此系上不愿拖延时间,通融他举行辩论会。

这当然是得意之作!因为他既挑战了校方的尺度,也不着痕迹地达到了短期内直接攻顶的目的。

现在,他只消提出一份详细深入的论题,并在系上举行一场辩论会,博士学位就要入袋了。

1771年8月6日,歌德为他所提出的五十六个论题答辩,他的朋友雷尔瑟(Lerse)担任反方。根据学校的记录,这场辩论机锋处处,候选人的表现令人激赏,获得一个罕见的高分。换言之,他毕业了。

从一位同时期也在施特拉斯堡就读的同学梅茨格(Johann Ulrich Metzger)与朋友通信时的叙述,我们约略可以想象歌德在学校里引起了何等的争议及轰动。辩论会上歌德所提出的一个论题大意如下:"耶稣基督并非我们宗教

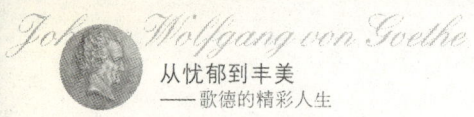

的创始者,而是某一位学者以他的名义创造了这个宗教;基督宗教与一个健全的政治无分轩轾"等等。

此外,一位叫史都柏(Elias Stöber)的教授也在信中提及这个不驯的学生:"歌德先生在施特拉斯堡扮演了一个角色,令人怀疑他是个逗趣的二半调子,尽人皆知他是个藐视宗教的癫狂之人。他的顶楼不是少了一根,就是多了一根椽,致使他乖僻非常。"这位教授没省下致函系主任,力陈退回论文,而且禁止印刷成册的力气。

看来青年歌德语不惊人死不休,难怪支持他的教授评他的论文及答辩"爆发力十足"。歌德构思他的博士论文时显然忽略了一点,那就是他身处保守、基督教文化深植的施特拉斯堡大学,论文中所铺陈的异教徒思想"国家、立法者有权决定一个具普遍约束性的宗教文化,据此教育神职人员,教导世俗之人外在的行为举止"当然少有说服全体师长的机会。

但是他仍然打了一场漂亮的胜仗,博士学位如愿取得,总算对父亲有个交代了。几天后他便整装返回故乡,立刻着手申请营业许可,三天之后宣誓成为法兰克福的律师。

新上任的歌德律师认真地在鹿壕的宅子里上起班来;依照规定,身为皇家议员的父亲不准开设事务所,他乐见儿子戴上假发出庭辩护,若有需要,也开心地担任助理。市长岳父前不久过世,老歌德是否对儿子寄予厚望,祝他一步一步攀上公职的高位呢?

当大学来信征询歌德申请博士头衔的意愿时,他冷冷地拒绝了,在信上告诉萨尔斯曼:"不,这封信来得不是时候,也不考虑举行那场仪式,成为博士对我来说已经是过去式了。我厌恶取得学位的过程,深恶痛绝所有的律师业务,我顶多是为了表面上的责任去做这件事,况且在德国两种等级的价值都相同。"所谓"表面上的责任"当然意指父亲对他的期许,而他不但没有让父亲失望,由五十六个论题所构成的论文父亲十分赞赏呢。

歌德博士是个务实、不铺张浪费的人,这真使人庆幸。

"我向前的冲动如此强烈,以至于我鲜少能强迫自己吸气,然后向后看。"才开业三个月,他就向萨尔斯曼抱怨。

四年律师生涯中,他一共处理了二十八个案子,形式上应有的格式难不倒他,论事时原本语言张力十足的诗人则拘谨了些。他精湛优美的辞藻在诉讼状上旋转,法院的人乍读之下,一时感到不习惯,以为手上捧读的是一首浪漫的诗篇,屡劝无效。犯这个毛病的不止歌德一人,法院终于在 1772 年 4 月公开发表声明,指责歌德及他的朋友莫尔斯律师遣词用句"不够正派"。

他很幸运，不需要仰赖律师的收入来养活自己，从来就不必为五斗米折腰，这个阶段歌德的中心问题仍然围绕着创造力打转，在同一个城市里终老的想法几乎令他窒息，味同嚼蜡的法律条文无法在他心中激起涟漪，他不停地抛出问题：这世界有何要求？他多方尝试，自我观照，想为不安的灵魂寻觅一个方向。

踏入社会

● 踏入社会

1 月光下的叠影
《少年维特的烦恼》
1772.2—1774.9

韦茨拉尔是个精致富庶的小城，距离法兰克福约一小时车程，静静的拉恩河（Lahn）把山谷圈起来，抒情的田园与城里高高低低的坡道相应和。当地的居民只有五六千人，小有名气的皇家最高法院所提供的再进修课程虽非一流，但吸引了不少各地的精英。歌德对法律没多大野心，但到韦茨拉尔见习有百益而无一害，况且外公十年前尝在此地任职，父亲也曾朝拜一游，所以，1772年5月末他也来到这儿。短短四个月的停留，成就了《少年维特的烦恼》(*Die Leiden des jungen Werther*)这本书。

宜室宜家的夏绿蒂

6月9日的初夏时光，在韦茨拉尔的乡下有一场舞会，新来乍到的年轻律师歌德也在应邀之列。受人之托，他负责在途中接素昧平生的夏绿蒂

(Charlotte Buff, 1753—1823) 一同前往。

马车嘚嘚驶过浓密的森林,夏绿蒂的堂妹,也是歌德当晚的舞伴,轻摇一下香扇告诉他,他即将认识一位可爱的姑娘,又半开玩笑地说:"别担心会爱上她!"

这位未出场先轰动的佳人芳龄十九,蓝眼珠映得五官十分柔和,身材适中,全身上下洋溢着健康的气息。她的父亲在德国骑士教团工作,母亲于一年前溘然长逝,身为十一个孩子中的老二,显然母亲认为她比长姐来得稳重踏实,所以临终前把照顾弟妹及父亲的重任交给她。她没有让亡母失望,把家里拾掇得井然有序,待弟妹极为友爱。

夏绿蒂的家

一所庄园前,歌德下了车,大门旁守候的女仆指引了丽人的所在。绿茵上的核桃树款款摇曳,他踏入堂屋,几级阶梯之后,正穿门之际,被眼前的景象震慑住:六个两岁到十一岁之间的幼童围绕着一位少女,叽叽喳喳笑闹着,光与热由夏绿蒂白色的衣裳散放出来,胸前衣袖上的粉红色蝴蝶结衬得她的轮廓益加甜美。她专注地切着黑面包,分给弟妹们,这平凡的事她操持起来,看在歌德眼中,竟是娴雅非常。

舞会上,诗人一改平日的风格,变得异常活泼,而且幽默风趣,一再邀请夏绿蒂共舞。"你应该欣赏她的舞姿!你看,她整颗心和整个灵魂都在舞着,浑

夏绿蒂的故居

身上下和谐极了,一点儿烦恼都没有,那么自然,好像就知道跳舞,似乎什么也不想,苦或乐皆不察;所有的事在这一刻是不存在的。"

"自然"是夏绿蒂的特色,看腻了其他女孩彼此争奇斗艳,她的素颜与不做作的谈吐举止反而使歌德难忘。这女孩似乎不需要花太多心思挥霍青春或金钱,就可以平顺地过一生;他暗忖。"这样的人不太操心自己;他们有充裕的时间观察外在世界,又镇定得足以适应外在世界,使自己与之平起平坐;不费吹灰之力就机灵且善解人意,无须饱读诗书便有教养。"

夏绿蒂十五岁那年就订下了婚约,未婚夫克斯特尔(Johann Christian Kestner, 1741—1800)是汉诺威人,歌德来韦茨拉尔最高法院见习时,他正担任当地公使馆的秘书。比他小八岁的歌德在他眼中是什么样子呢?1772年秋天,他在写给朋友汉宁斯(August v. Hennings)的信上提及这张新面孔。

"年初歌德博士从法兰克福来此,要在此地见习。他二十三岁,在这儿形同一位哲学家,但他并不喜欢别人给他冠上这个头衔。那些才智之士争相与他交往,因为他从美丽的知识,或许说从所有的知识,但非所谓糊口的知识,创造出他的主要职业。他痛恨法律业务,也不需要,因为他的父亲富可敌国,而他是唯一的儿子。我因缘际会认识了他,我对他的第一个判断是,他绝非等闲之辈。"

交代过偶遇歌德的经过后,克斯特尔继续在另外一封信上向好友勾勒歌德的神韵,舞会上的邂逅,以及歌德爱上夏绿蒂的始末。

"我们之中一位最优雅的人,勾特(Friedrich Wilhelm Gotter, 1746—1797)秘书有一次劝我去贾本汉(Garbenheim)一座村庄散散步,我因此看到草地上躺在一棵树下的歌德,正与围着他而站的几个人——一位伊壁鸠鲁享乐主义的哲学家,一位斯多葛禁欲主义的哲学家,以及一位介于二者之间的中间人士——聊天,看来他乐在其中。

在我继续说之前,我必须试着形容他,因为我后来真正认识了他。

他是人们眼中的天才,具有不同凡响的想象力。他很容易情绪激动,有高贵的思维特质,是个有个性的人。他宠爱小孩,很能和他们打成一片。他古怪极了,举手投足与他的外在又不尽相同,这不免使得他有点儿麻烦。但在孩子面前,与女孩以及其他许多人相处时,他却十分受重视。

他想到什么就做什么,不担心别人是否高兴,是否正流行,是否为生活礼仪所允许。他憎恨所有的强制。

他非常尊敬女性。

原则上他并不很坚毅,正依据一种确切的系统而努力。

说到这个，他很相信卢梭，但又不是盲目的崇拜者。

他不是人们所说的正统派，亦非基于自负或任性，或者只是想有所表现。他也谈一些当前的话题，反对少数，不喜欢干预别人的想法。

虽然他痛恨怀疑主义，努力追求某些当前话题的真理及确定性，也相信最重要的就是最确定的，但就我所察觉的，他还不是这个样子。他不上教堂，也不领圣餐，极少祈祷。因为，他说：'我当说谎者资格还不够。'

有时候的某些话题他会安静以对，有时又激动非常。

他很尊敬基督宗教，但不是我们的神学家所想象的那种形式。

他相信有来生，一个较佳的情况。

他努力追求真理，对感觉的评价却高于真理所论证的。

6月9日那天的安排是他一起参加乡下的一场舞会，我的女孩和我也要去。我稍晚才能骑马过去，于是我的女孩和另外一些人乘马车去；歌德博士也在座，因此认识了绿蒂。绿蒂立刻吸引住他。她还年轻，即使不具备一般而言的美貌（我在此用的是日常说法，我很清楚美丽其实并无规则），五官十分协调、惹人爱怜；她的眼神仿佛明朗的春天的清晨，尤其像春日，因为她爱跳舞。她很风趣，穿戴淳朴自然。他留心到她热爱自然以及不拘小节的笑话，心情更甚于笑话。

他不知道她已非自由身，我晚了几个钟头才到，何况我们的习惯是公开场合彼此只能友善相待。这天他出奇的诙谐（他有时如此，有的时候却很忧郁），绿蒂完全征服了他，而且她一点儿力气也没花，只是尽兴。第二天的舞会上歌德当然向人打听绿蒂，之前他认识的那位开朗、喜欢跳舞和纯真的愉悦女孩；现在他也见识到她的另一面，她的长处，在家务方面。"

有夏绿蒂的地方，和风便轻轻吹拂，安抚着歌德狂乱的心，他的脚步不由自主地朝着她家的方向。歌德从未矢志做一名杰出的律师，甚至憎恨法律；一度考虑研读神学，却成为泛神论者；他热爱绘画，但没有全心投入；文坛上，他写的几出戏剧和情诗颇受瞩目。他正在人生的崎岖道上投石问路。

做家事、照顾弟妹之外，夏绿蒂还要兼管农田，偌大的花园需要她悉心维护，那些药草香料也是生计的一种……歌德总是欣欣然加入，抓一把糖果放在口袋里，分给烂漫的孩子吃；夏绿蒂的性情气质，她既小且广、温馨踏实的世界，如此贴近土壤的呼吸，跌跌绊绊的漫游者仿佛摸索到了归乡的方向，朴实琐碎的生活因而有情有味。

夏季的暖风把五谷熏熟了，露湿的清晨，啁啾的云雀伴着三人同行的足迹。阳光愈来愈温热，一场突来的暴风雨让他们更依赖彼此，润沃的土地真像一篇如诗的散文。

三人同行，克斯特尔心中不存芥蒂，夏绿蒂落落大方，而歌德奔放的情感暂时舒缓，实乃人间难得一见！然而克斯特尔仍旧意识到这种组合其实不妥，日记里微微透露着他的不安：

"（6月底）下班后，我去我的女孩那儿，见到了歌德博士。他爱她。尽管他是个聪明人，对我也还算友善，看到我来探望自己的女友，却不怎么开心。我呢，不管我欣不欣赏这个人，就是不喜欢看到他单独站在她旁边，还跟她说着话。"

"8月16日，绿蒂和歌德谈了一下：告诉他除了友情，他不能期待别的，他听了以后脸色苍白，神情萧索。"

"9月11日，歌德在清晨五点离开，没有和我们告别……"

事实上，歌德分别留了两封信给克斯特尔和夏绿蒂："我现在是一个人了，明天就走，噢，我可怜的头。""我只带走绿蒂，天快亮了，再过一刻钟我就动身。"这里的绿蒂指的是她的剪影。

克斯特尔在9月10日的日记里追加了一段："谈到此生之后的情况……我们约定：谁要是先走一步，如果可能的话，要捎给活着的人那边的信息……歌德垂头丧气到了极点，因为他知道他第二天就要走了。"

同年11月，歌德离去后两个月，克斯特尔致函汉宁斯，他保持一贯的冷静与沉稳，报道了这段复杂关系的结局。

"没多久他就知道了，除了友谊之外，她什么也不能给他，而她对他的举止也说明了这一点。这相近的品味，因为我们比较熟了，在他与我之间缔结了最坚实的友谊，以至于他很快就跟得上我亲爱的汉宁斯了。与此同时，他是否因为尊重绿蒂而必须放弃一切希望，也已经放弃了，以他所具有的哲思和他天生的自负而言，很难完全做到全然压抑他的爱慕。何况他拥有某些特质，一位他特别有感觉、又对他味的女性会使他变得危险。绿蒂自己晓得如何约束他，运用这类的方式对待他，他无法萌生任何希望，而他因她的态度，不禁对她赞赏有加。他默默地承受一切。有些独特的事件使我更加喜爱绿蒂，而他也成为我更敬重的朋友，爱情居然能够使最坚强以及自主的人变得不可思议，有时候连我自己都感到惊讶。有时我为他感到惋惜，造成心中的挣扎，因为一方面我相信，他比我更能让绿蒂幸福，但另一方面想到会失去她又觉得受不了。后者占了上风，而且我在绿蒂身上不曾察觉到有类似的想法。简单说来，几个月之后他看出他需要更多的平静，就在他明白这一点的当下，在几次尝试逃走未果之后不告而别。他去了法兰克福，我们勤快地

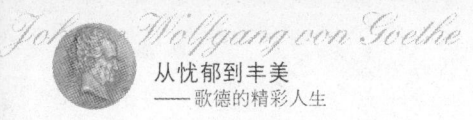

在信上聊天。"

返家的路很艰辛,他执意要一个人沿着拉恩河徒步。"我行走在没有水的沙漠,头发是我唯一的遮阴,血液是我的甘泉。"踽踽独行的身影,烙在寄往韦茨拉尔的信上。

失意的人在拉罗荷夫人(Sophie v. La Roche, 1731—1807)开设的文学沙龙驻留了一段时间,拉罗荷夫人活跃于文坛,终身写作不辍,并且是第一本德文女性杂志的发行人。她的长女玛西(Maximilian Brentano, 1756—1793)有一双美丽的剪水黑瞳,歌德自幼便与她十分投契,《维特》书中女主角黑眼珠的构想即源于她。

回到法兰克福,歌德把夏绿蒂的剪影挂在房间里。1775年3月末,他强打起精神,为成婚在即的燕尔选购婚戒,随着包裹寄去的信中掩藏不住他的酸楚:"你们不要来法兰克福,对我比较好,你们若来我就走。"

4月10日的信上他不讳言自己受伤颇深,同时又试着以玩笑打发生不如死的难堪:"离开绿蒂,我仍旧不明白怎么办到的。……我们谈过云端上那边的情形,这我虽然不知道,但我晓得我们的上帝一定很冷血,那个把绿蒂留给你的人。如果我死了,在那边有话要说,我真的会来把她接走。所以要好好为我的生命与健康,小腿肚以及肚子等等祈祷,我死了,用眼泪、祭品以及诸如此类的东西来安慰我的心灵,否则将对克斯特尔有所不利。"

律师事务所如常进行着,他无依的心情尚未找到停泊的港湾。他很希望倾诉自己,苦于定不下心来;期盼被了解,却犹豫在未名的惴惴之中。他暂时把对绿蒂的情愫沉淀在记忆的湖海中,移情到希腊神话中巨神之子普罗米修斯的故事:普罗米修斯盗火给大地,人们从此有了光明与温暖,盛怒的宙斯惩罚他爬山,每当快抵达山顶,咒语即将解除之际,便有一只巨鹰来啄食他的肝,重创的伤口到了晚上又自动愈合;如此周而复始。

歌德采取另一种传说,把普罗米修斯的故事改写成一首颂诗:他的普罗米修斯被大力神海格力思释放之后,用陶土捏出人形,并赋予他们思辨的智慧。这位象征自觉与创造力的神话人物,在歌德如椽的笔下具雷霆万钧的气势,简直是一篇公然向宿命论挑战的宣言!

这首颂诗让歌德一夕成名,"德国的莎士比亚"之说由此传开,也为踵至的《少年维特的烦恼》演奏磅礴的序曲。

令人不解者,是歌德并没有为夏绿蒂写情诗,《漫游者》(*Die Wandrer*)中的年轻女子有若慈母,而非缠绵的情人。诚如克斯特尔所说的,歌德离开后,他俩的信笺在两地勤快地传递,注定没有希望的恋情已然升华为友谊,落寞难掩的歌德，字里行间不时匍匐着怏怏的情绪，其中以1772年圣诞节笔下流露的孤寂最为动人。

"圣诞节一早，还是夜里呢，亲爱的克斯特尔。我起床是为了要就着曙光再写一些，往昔愉悦的回忆把我唤了回来；我请人帮我煮咖啡，向这个节日致敬，想写信给你们直至天亮。塔楼看守人已经吹过他报时的曲子了，我因此醒了过来。赞美耶稣基督。这一年来我非常喜欢听人们唱的歌；侵入的冷风让我觉得舒服极了。昨天我度过美好的一天，今天则令我害怕，但它也好好地开始了，我不怕结束。昨夜我答应我那可爱的剪影要写信给你们，它们在我床边飘来浮去，像上帝的天使。我一回来就把绿蒂的剪影别起来，它们一如我在达姆城（Darmstadt）时于床边飘荡，看见绿蒂的头像我很开心……谢谢你给我这可爱的像，克斯特尔。……塔楼看守人又来了，北风为我带来他的旋律，仿佛他就在我的窗前吹奏。昨天，亲爱的克斯特尔，我和几个好男孩去乡下，我们打打闹闹，吵得不得了，从头到尾充满了尖叫与大笑。这一向对接下来的时光并无助益，如果诸神满意，有什么是神圣的他们不能转变的呢？他们给了我一个愉快的夜晚，我没喝酒，观察自然完全不受影响。一个开心的晚上，我们返回时夜已经深了。现在我必须告诉你，太阳若下山许久，夜色在北方和南方齐奏，夜晚昏暗的轨道再升上来的话，对我的心灵可是美事一桩。看那平坦的土地，就是最美妙的戏剧，克斯特尔，我徒步行走时，凝望它消磨了不少青春及温暖的时刻，直到它暗下去。在桥上我停了下来，这郁暗城市的两端，静谧闪着光的地平线，河上的反光，在我心灵中形成一个壮丽的印象，我展开双臂拥抱它。……锁城门的人从市长那儿过来，钥匙叮叮当当。第一道曙光穿过邻居的房子来到我这儿，教堂的钟声响起，我在这楼上的房间里觉得喜悦，好长一段时间我不曾像现在这样喜欢这个房间。房间里装饰着友善地对我道早安的幸运肖像，七幅拉斐尔的画像，栩栩如生的才智之士，其中一幅我曾经临摹过，虽然并不那么高兴，但是满意。我亲爱的女孩，绿蒂也在那儿……"

当他陷入不能自拔的痛苦之中时，半真半假地考虑过各种死法，服毒、割腕他嫌太慢，上吊太不高贵……后来他翻阅到了罗马皇帝奥托（Marcus Salvius Otho, 32—69）的生平，觉得这种先与好友席开不夜，笙歌之后亲刃自己心脏的死法最为不凡，只不过他绝对做不到。于是，自杀的胡思乱想悄然退去。

如果成功呢？家中收藏了不少武器，他拥有一把价值不菲的锋利匕首，那段时间就放在床边，每当烛火一熄，他就拿起匕首；只消再前进几寸就可以刺进胸膛,他忍不住哈哈大笑,扔掉所有忧郁的鬼脸,决定活下去。

要活下去并非难事,有文章可写就行了!他要把这生命中重要的一段写下来,所思所感以及幻想都要借文字来表达。

在韦茨拉尔歌德巧遇了昔日莱比锡大学的同窗耶鲁撒冷(Carl Wilhelm Jerusalem,1747—1772),他的律师事业遭到挫折,爱上有夫之妇又使他孤立无援。为了逃避人们的议论纷纷,他谢绝一切邀约。只有皓月当空的夜晚,他才出来散步,月华映着他炽热的倾慕,但道德舆论顷刻浇熄他的痴情。耶鲁撒冷自杀的消息传到法兰克福时,歌德震惊不已,写信给克斯特尔,要求告知所有详情;克斯特尔回了一封巨细靡遗的信。

同一时期,1774年元月,青梅竹马的玛西嫁到法兰克福来,拉罗荷夫人因此常来探望女儿。十八岁的玛西在父母强烈撮合下,与三十七岁的意大利商人布坦诺伦(Brentano)结婚,年龄差距、必须照顾前一次婚姻留下的五个小孩,她自己又频频怀孕生子,使得这位少妇愁容满面。女婿是自己挑的,拉罗荷夫人也一筹莫展。这一切看在歌德眼里,平凡人生的面貌竟然如此可厌,对于无力也无意改变现状的人,悲叹似乎是唯一的一条路。他诧异于原本快活的玛西,现在被安排到乏味的商家过日子,几乎失去了昔日的光彩。

他找到写《维特》的元素了!他自己爱得无奈,这个元素像容器中接近冰点的水,耶鲁撒冷走上殉情之路,犹如一次不易察觉的摇晃,于是容器中的水顷刻结冰。

外在的环境纷纷扰扰,一路走来,他历经撼动天地的情怀,尝遍人间的愁滋味,获悉同窗结束生命,他的心情变化多端,这些皆为不落痕迹的准备。

在纸上以花体字写下读书心得和生活杂感,一向是歌德解忧的"家庭秘方"。早在上小学的时候,他就写过一本书信体的小说,彼时他学习多种外语,为了要一鼓作气熟稔每种语言的规则,他写了一本小说来代替所有烦人的文法练习:某个家庭的六个教育程度不等、兴趣职业各殊的兄弟姊妹,借鱼雁往返交换彼此的信息。热衷于旅行的大哥用典雅的德文告诉妹妹他的所见所闻;妹妹的回信是一本简单松散的家庭流水账;读神学的大弟当然以中规中矩的拉丁文来叙述求学生涯,偶尔在信末的"又及"处补缀上希腊文句;在汉堡从事贸易的二弟用英语表达心声;住在马赛的三弟写下柔软的法文句子;在意大利学音乐的小弟语感不佳,却老爱夸夸其谈。语文的细节之外,歌德还对每个人所在地的风土人情作了一番研究,配合多变化的内容穿插其间。

这本小小说曾经获得父亲的赞美。现在他决定也用书信的方式抒发,他下笔不能自休，仅仅花了四星期就打好了草稿。"感觉上那像一次告解，愉快且轻松，生命又可以重新开始了。"

他朗读给默尔克（Johann Heinrich Merck, 1741—1791）听，这位朋友一改平日直言批评的作风，不发一语，只简短地说了一句："哎呀！太好了。"转身离去，留下不明就里的歌德，如果一旁有个壁炉，他想必会立刻把草稿丢进火中。接下来几天他闷闷不乐，直到默尔克再度登门，为自己那天失态致歉。

默尔克心事重重。他这一生历经许多磨难，上大学时不断转系，游走于神学、逻辑、修辞、法律及矿物学之间，没有取得毕业文凭，工作不顺，挣的钱勉强维持温饱。妻子虽然为他生下了七个孩子，却在这一年返回瑞士娘家的途中发展出婚外情，并且生下一个小孩。

这一天默尔克恢复往日的犀利，专心聆听之后，他说这个草稿可以直接付梓，不必再修改了。歌德闻此言喜出望外，表示将誊写一份干净的稿子，默尔克应允将与莱比锡的出版人魏刚（Christian Friedrich Weygand）联络。魏刚没有让歌德等太久，很快就有了回音，他要求歌德尽速把稿子寄给他看；文坛的新星没料到此举将造成何等的轰动，倒是预付稿费寄来时他高兴了好一阵子，因为印前一本书《格茨·冯·伯利欣根》（Götz von Berlichingen）时，他积欠了一些纸张费用，不但用这笔稿酬清偿了款项，还有一些节余呢。

世界文学名著之中，若论影响深远，没有哪一本书能够与《维特》分庭抗礼。18世纪末，交通不甚便捷，印刷并不普及；地球上有形的距离遥遥，思想沟通上无形的距离邈邈；可是，郁郁少年维特的命运却跨越了种种界限和障碍，成为译本最多、发行最广的小说。是什么原因让欧洲痴迷的年轻男子穿上维特的蓝色燕尾服、黄背心和长裤，女孩儿纷纷以一袭夏绿蒂简单的白色洋装来打扮自己？同一个时代，清初的中国，青瓷花瓶上也绘着维特与夏绿蒂的彩画？

薄薄一百多页的小说，踟蹰彷徨的维特，与夏绿蒂半局未了的情缘，对人世间的省思与批判，赢得多少共鸣！这也是一本争议最多的书，歌德是否就是书中愁惨的维特，夏绿蒂确有其人乎？为什么失恋的伤痛如此难以愈合，让维特———位不羁的翩翩少年——步上颓圮？

是的，书末自杀的情节是这本书一度成为禁书的主因。

其实，维特与歌德是两个互相怜惜的寂寞灵魂，苦苦追寻人世的肯定，却又对红尘的烦琐厌腻非常。造化作弄，终至弃绝自己，矛盾与冲突在凄美的月光下交相重叠，状似两捻缠结的丝绳。

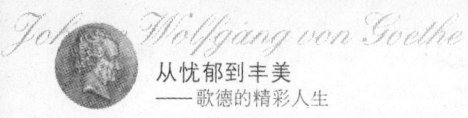

从忧郁到丰美
—— 歌德的精彩人生

　　1774年文学舞台上的灯光全部聚集在《少年维特的烦恼》这本书上，狂飙至今未歇，所有的人如痴如醉，为书中的主人翁一掬同情泪。

　　克斯特尔轻易地发觉他与书中的亚伯特——夏绿蒂的未婚夫有神似之处，夏绿蒂的影子更是呼之欲出；而维特就是歌德的化身：他们的生日相同（8月28日），在同一天凄惶出走；三个人激昂地辩论死亡与灵魂；耶鲁撒冷自杀用的手枪是向克斯特尔借来的，维特写给亚伯特借手枪的短笺一字未易，下葬的时间完全雷同……

　　然而，歌德不认为维特就是他自己。"我和写作有一种极为奇妙的关系，说起来很实际。一个让我心动的主题，荡气回肠的图像，一位吸引我的人，长久怀藏在我的胸臆之中；一旦具体成形，成为我个人的观点和感受，然后我默默地花时间塑造。凭着一股直觉，仿佛即兴提笔，终于跃然纸上。"与克斯特尔的友谊并没有因《维特》受到不良影响，歌德日后改写时刻意淡化亚伯特与维特的分歧，双方一直保持书信联络，至1800年克斯特尔在汉诺威去世为止。

　　好一场君子之争！

　　书信体是当时文坛盛行的文体，何以《维特》能脱颖而出？不同于其他同类的小说，歌德从头至尾以维特的独白贯穿全书，扉页之间仅仅编织着维特的人生观，从未让书中其他人物跳出来说话。维特自杀的结局以及葬礼，由《作者致读者》来描绘，仍旧采书信体！这样坚持的单一情境，难怪读者无所遁逃。

维特举枪自尽的水彩画

　　维特对世间的批评着重在"个人的极限"，因而感悟所有的汲汲营营终究是一场"闪亮的烦闷"。这种认知使他无法打起精神做一点儿事情，他不再读诗，逐渐抛掉画笔，一切都没意义，倾向在自己的暗流中载浮载沉。读者从卷首"可怜的维特"开始，一行一行陪着感同身受，陷入维特告白的图圄而不可自拔。他的主观意识当然无法帮助他挣脱人世的束缚，遑论突破个人的极限。易感的人如维特虽然幸运，因为他拥有细腻的心思，却也有比别人更难排遣的悲怀。于是，强说愁的少年、沧桑的中年人，不难在维特身上找到自己的影子。

"我的朋友变糊涂了，他们以为一定先有事实当基础，而且是绝对有必要举枪自尽的人，才写得出这样的书来；轻描淡写的部分引起不必要的骚动。这本对我帮助良多的小说也因此恶名昭彰。"作者说。

维特的内心一步一步崩溃，外在世界的他流于无所事事，中内的他焦灼地在自己的极限中到处碰壁。起初他还能寄情于大自然，惊艳夏绿蒂，转而探寻人间情爱，他的爱是倾其所有，不顾一切，但夏绿蒂始终不可得；他沮丧地躲回思索人生极限的死胡同里。

可惜，读者不太体会作者的用心，一味在失恋自杀的情节上大做文章。街头卖艺人自弹自唱维特的悲凉小曲，有人把它改编成舞台剧，流行杂志介绍了夏绿蒂的装扮，传单上也印着维特的画像。太多人不忍心让这位悲剧的英雄、浪漫的代言人随风而逝，于是有人灵机一动，何不篡改结局，干脆以喜剧收场？坊间一时冒出不少仿本，以滑稽剧或闹剧的形式博君一粲。其中以尼克莱（Friedrich Nicolai, 1733—1811）的《少年维特的快乐》最为扭曲：

亚伯特察觉维特有轻生的意念，所以，在借给他的手枪的弹匣里装上了鸡血。维特射击之后，倒在血泊中，以为自己受了重伤；门外窥视的亚伯特冲进屋内，与他开诚布公谈判，最后将夏绿蒂拱手相让。

这个不入流的廉价笑话激怒了歌德，他以一首粗鄙的无韵诗回敬过去：

少年维特的快乐

有个年轻人我不知道怎么回事
死于一种忧郁症
不过呢也安葬了。
一位美少年路过于此
忽然想大便
就像所有的人一样
他凑合着坐到坟上
把粪拉在上头
畅意地审视他的排泄物
很开心地吸口气又走了
然后从容不迫地自言自语：
"这个好人怎么会这样结束自己！
如果他像我一样拉大便，

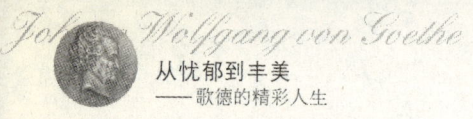

大概就不会死吧!"

泪眼问花的读者看到这首诗，忍不住笑出眼泪来。游戏之作，冲淡了维特的哀愁；解铃尚需系铃人。但歌德余怒未消。尼克莱的拙劣手法虽然让维特保住了命，并且如愿和绿蒂结为夫妇，但他遭鸡血击中的双眼毕竟瞎了；原作者何不接这个话茬，写个可笑的续集呢？

如果说先前那首无韵诗达到了讽刺尼克莱佛头着粪的效果，那么下面这篇散文体对话便是在影射他狗尾续貂了。对话中的夏绿蒂和维特一副家居模样，她正为他包扎受伤的眼睛。夏绿蒂抱怨亚伯特弄巧成拙，射穿了维特的双眼，连睫毛也遭了殃；所谓的神来之笔其实与小丑的点子无异，他还自以为成全了维特与夏绿蒂的幸福呢。维特虽然认为亚伯特没有恶意，但失明的他不知自己是否能成为夏绿蒂的好丈夫，绿蒂也暗暗叫苦。

《维特》所引起的风潮与轩然大波，岂是原作者与仿作者之间的唇枪舌剑就能道尽，"我们无法期待读者以智力接纳一部想象出来的作品，但他们只注意到内容与材料"。不肯罢休的读者非要问个水落石出不可，歌德连出远门时都得使用化名，避免热心人士夜半来敲旅馆的房门，甚至十四年后在意大利旅行时也难摆脱盛名之累。维特如流星陨落，几百年来全球的读者怀念他在天际划下的那道万丈光芒；歌德死而后生，他活了下来，《维特》完稿时，他已经与少年痴狂的他告别了。

2　只是当时已惘然
未婚妻莉莉
1774—1775.9

　　1774年岁末,《少年维特的烦恼》的作者在朋友的带领之下,到法兰克福近郊的小城奥芬巴赫听音乐;朋友来找他时已经不早了,他匆匆地换了衣服赶过去。

　　这场小型音乐会在一户商界举足轻重的人家里举行,宽敞的客厅里坐着不少宾客,他们的座位呈圆形,圆心有一架翼形大钢琴。弹着奏鸣曲的女孩正是这家的独生女莉莉(Anne Elisabeth Schönemann, 1758—1817),琤琤玱玱的琴音从她娴熟的指尖流转出来,她从容而专注,整个人融入音乐之中。

　　远远聆听的歌德观察这位二八佳人,黑白键前的她,无论神情与举动都不脱一抹天真;是曲调使得她如此轻盈又奔放吗?他真想知道。等到接下来的四重奏也弹完了,他才趋前赞美她的琴艺,她的

富家女莉莉

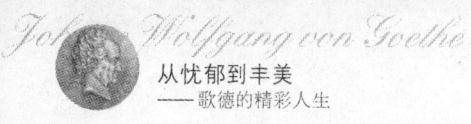

从忧郁到丰美
——歌德的精彩人生

应对让他暗中叫好,由衷地欣赏她高雅的姿态及悦耳的言语。

寒暄过后,歌德转与其他宾客闲聊。他忽然觉得好像有人在注视他,若是刚才那位娇憨的女子就好了;于是他刻意挺直了背,发表意见时更显得意气昂扬,同时分出一只眼睛探往她的方向。一不小心,两人眼神交会,就在这一刹那,歌德怦然心动,被她的温柔牵引了过去。

说莉莉是天之骄女一点儿也不为过,她的父亲是银行家,家中什么也不缺,她从小在仆从如云的优渥环境里长大。五岁时父亲过世,家族事业由母亲接管,经营得有声有色。看看今晚的排场,穿流于席间的宾客及其行头,不难猜出她家的财力有多么雄厚。

财富让莉莉养尊处优,但她不是刻板印象中没有大脑的娇娇女,完整严格的家庭教育赋予她独立思考的能力,往来无白丁的环境使得她见闻丰富。所以,尽管珍馐与华服是她所习以为常的东西,但绝非她人生的重点。

音乐会结束了,送客时,女主人对风靡全国的《维特》的作者表示,欢迎他再度来访。喜滋滋答应改天来请安的歌德,等了一阵子才整装出发。此行只许成功,不许失败,为慎重起见,他为自己订了两条规则:一,绝不语惊四座;二,不可泄露对莉莉的心意。

莉莉的母亲很欣赏这位青年作家,喜欢听他畅谈文学与法律;几次登门拜访之后,女主人漂亮、亲切、音乐素养高的女儿在歌德心中造成的震撼愈来愈不容忽视。

春天的脚步近了,空气中飘着淡淡的草香,他有时向笔友女伯爵奥古丝特(Auguste Gräfin zu Stolberg, 1753—1835)——她因崇拜《维特》的化身,主动要求通信——在纸上吐露恋爱中的心情,坦承自己在一场音乐会上向一位"标致的金发姑娘大献殷勤"。至于恋情进展如何,他让方玛阿姨(Johanna Fahlmer, 1744—1821)知道一些。

方玛阿姨是雅各比兄弟(Johann Georg Jacobi, 1740—1814;Friedrich Heinrich Jacobi, 1743—1819)继母的妹妹,歌德跟着他们一起称她为"阿姨",其实她只长歌德五岁。

奥芬巴赫离法兰克福很近,莉莉富而不俗的亲友是他俩名为拜访、实则约会的最佳借口,"我不能没有她,她也不能没有我"。

老歌德夫妇对儿子的意中人看法如何?学者型的父亲比较希望媳妇来自书香门第,而非开口闭口都是数字的银行世家;家居型的母亲则盼望家中多个勤快的主妇,一起做做针线,闲时打开话匣子。莉莉在老人家的眼中是上流社会的名媛,歌德家虽然堪称锦衣玉食,毕竟过日子的基调大不同也。莉莉过门后要换下绫罗绸缎，她能适应少有晚宴可以展现首饰，吃自家厨房里做出来的晚餐的日子吗？

复活节快到了，法兰克福正在举行展览，莉莉家出现了一位从海德堡赶来看展览的中年妇人——戴尔芙（Helena Dorothea Delph）。别小看戴尔芙，她不但是成功的商人，而且活跃于政坛，出门在外时也趁便帮侯爵、领主们办点儿事情。套句今日的惯用语，我们不妨说，干练的她政商关系良好。她是莉莉母亲的闺中好友，一向疼爱莉莉。走起路来步子大又急，颇有男儿风，连长相也很阳刚的戴尔芙，却也是个细腻的人，莉莉的心事瞒不了她的。

自信十足的戴尔芙认为天下无难事，只要她出面，没有解决不了的问题，而且最爱撮合情投意合的人成为佳偶。她善于察言观色，洞悉人情世故，所以，当她由歌德陪伴光临鹿壕时，老歌德伉俪居然不嫌她有话直说，也不觉她的泰然自若是一种傲慢。总而言之，她与歌德的父母见过面了，而且还把握住机会敲敲边鼓，试探两位年轻人共创未来的可能性。

神通广大的她穿梭在法兰克福和奥芬巴赫之间，不知在平衡两家互见高下的环境，以及消弭各方疑虑上下了多少工夫。就在小两口犹不敢奢望之际，一天晚上她去找歌德与莉莉，告诉他们双方家长都同意了。

"你们两个把手伸出来！"说这话时，她好像自己也相当感动。歌德站在莉莉的面前，把手伸向莉莉，莉莉也慢慢地伸出了手，两只手交叠在一起，深吸一口气之后，戴尔芙权威地宣布他俩完成了订婚仪式！

我们的诗人说，执子之手的刹那他心中充满了喜悦，那是他人生中一次奇妙的经验。通过这个仪式，之前险峻的情势应该会消失，明显的分歧也将被磨平；出双入对时，两方人马无须再劝他们理智行事，改以友善地祝福。

然而，歌德的心中充满了矛盾。"双方父母之所以同意，完全由戴尔芙主导，现在他们只不过相互承认对方存在，保持缄默，况且没有举行其他正式的仪式。"事实上，经由这不知可否称为订婚的仪式，台面下的种种危象终于浮出来了。

环顾鹿壕的房子，他若够冷静的话，实在无法想象莉莉会在这楼上楼下的房间里出现：她不适合他，一如他在她的圈子里同样不自在。5月12日，他在给赫尔德（Johann Gottfried Herde, 1744—1803）的信上隐约表示订婚也许不太妥当，"我再度以一种勉强凑合的方式被抛入辽阔的海洋中。"

执子之手，但不确知是否将与对方偕老，他岂是第一次陷入这种困境？

这对恋人公布了订婚的喜讯，朋友们报以掌声，但两家父母却不受此影响，关系仍旧疏离。他们欠缺走近的动机，也缺乏共同的话题和朋友，莉莉

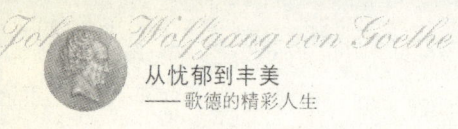

从忧郁到丰美
——歌德的精彩人生

又隶属于老歌德一向排斥的改革教派,无异于雪上加霜。她在鹿壕若想延续她过惯的日子,不但机会渺茫,也难有发挥的空间。

订婚才两天,歌德骤然决定到外头透透气。瑞士是他避祸的桃花源,他自喻"违规的熊"和"逃走的猫",但他别无选择。他离得开莉莉吗?还没上路前他找不到答案,出发后,她的倩影烙在他的心上,无声地谴责他不告而别;他不觉得自己离开了。

订婚才两天就逃往瑞士的歌德

趁这趟旅途之便,他去埃门丁根探望妹妹康内莉雅。坐困愁城,对于妻子与母亲的角色有诸多不满的妹妹大吐苦水,力劝哥哥与莉莉解除婚约。她说莉莉的条件好得没话说,歌德家的社会地位固然不低,但朴素、缺少大型社交活动的生活恐怕无法让莉莉安然。这些话从他信任的妹妹的嘴里说出来,歌德仿佛顿时看到两个截然不同的画面:灯下查阅典籍、很家常的鹿壕,奥芬巴赫那儿水晶吊灯下杯觥交错的华宅。

7月22日,结束流浪的倦鸟归巢,他并没有避不见面。近两个月不见,重逢的气氛令人意外,十分和谐。莉莉告诉他,他不在的这段时间,不断有人劝她长痛不如短痛,甩掉歌德。她还年轻,挑一个足堪匹配的富家子易如反掌;歌德真该死,莫名其妙不见人影,简直其心可诛!

要不要分手呢?"我在自由的空气下到处走了三个月,从各方面体认了一千个新的事物,全白费了。"他在8月2日写给奥古丝特的信上如此描述。与莉莉在一起时,原有的混乱一如魂牵梦系,瑞士之旅前后丝毫不减。

莉莉说她愿意克服所有的障碍,只因为她爱他,将放弃所有享乐舒适的生活,甚至携手共赴美洲大陆拓荒!就在歌德捕捉到一丝曙光之际,她那厢又颓丧了下去;她家在法兰克福的房子离鹿壕仅有几百步的距离,但无形的鸿沟比汪洋大海还要深。歌德愈来愈感到不确定。

几个月过去了,有情人相聚时,欢愉中总有挥之不去的惆怅。然后他们开始避免单独相处。这真是一场严酷的考验,有朋友在场,他俩的过去似乎笼上一层薄纱,彼此的情意紧密地藏在布幔之后,却又像暴风雨中的闪电,惊鸿一瞥的当下，他们既不知过往，也难望见未来。

大约在秋季展的前后，他俩解除了婚约。周遭的人都不看好，歌德父母亦不乐观其成，到后来连原本支持歌德的准岳母也对多数人的反对声浪竖起了白旗：这位年轻人性情不稳定，尚未安定下来，甚至不清楚将来要从事哪个行业呢。到了这个节骨眼儿，"不堪忍耐的面孔"所发出来的杂音，差不多已经把这一对璧人所散发出来的光彩给遮蔽了。

春去秋来，一个秋末的晚上，歌德强烈地思念起莉莉，他匆匆披上大衣，毫无头绪地在城里瞎逛，走过一间间房舍，他不由自主地来到莉莉的窗前。熟悉的绿色窗帘拉了起来，他闭上眼睛都看得见屋内的陈设。有歌声传出来，是莉莉在弹琴，一边唱着那首"啊，你令我无法抗拒"（Ach, wie ziehst du mich unwiderstehlich）……

为什么偏偏是这首令他心碎的歌呢？约莫一年前他写这首诗时，笔下涌现多少热情呀，如今物事全非。他侧耳倾听，她的歌声比以前更有感情，多情的歌词字字句句传进他的耳朵与心房，幽幽的。

当歌声与琴声停下来，窗帘上映着一个人影，是她！她站起来，在房间里来回走着，窗帘太厚了，他分辨不出她的轮廓，只能无奈地猜想她花容上的两道愁眉。此刻他若要求一诉咫尺天涯之苦，她水灵灵的眼睛大概会蓄满泪水；他不应该再给她添烦忧了，于是毅然转身离去。

瑞士山谷

两人分开后三年，莉莉远嫁施特拉斯堡，她的丈夫杜尔克海（Bernhard Friedrich v. Türckheim）也是银行家。

衔着银汤匙出生的莉莉一定不曾料到有多少苦难在一旁窥伺，婚后六年娘家事业失败，宣告破产，所有值钱的东西都拍卖了。这个打击使她尊严尽

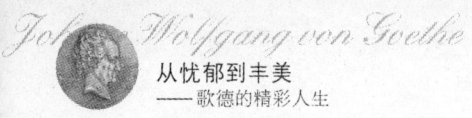

失,"我更加被人注意、受到更严厉的批评;我公公眼中家中第一女子的地位,我必须很费神地假装不知道有这回事。我曾经知道什么叫做幸福,活在友好的关系中,因为我的心体验过爱的需求,(现在)更加感受到我存在的荒芜。"

接下来发生了惊天动地的法国大革命,她的丈夫卷进一场官司,有上断头台之虞。他们不得不连夜逃走,丈夫乔装成伐木工人,莉莉换穿农妇的粗布衣裳,带着五个孩子逃难。情势太危险了,为了不引人注目,他们必须放弃车马,徒步涉过莱茵河。艰困的时代把莉莉强韧的一面逼了出来,她一点儿都不娇弱或胆怯,再也不是梅因河畔那个贪玩、让歌德迷惘不已的女孩。

幸免于劫难,她与丈夫重新建立起家园,革命结束后丈夫被波旁王朝延揽入内阁。坚强的她渡过了难关,当困厄来临时,回忆起早年两情相悦的片段似乎能给她一些苦撑下去的力量。

1801年,莉莉写信向在威玛任高职的歌德推荐一位年轻人。在这之前,她偶尔从两位女性朋友那儿得到消息,歌德仕途顺遂、佳作迭出等,她皆时有所闻。

1807年她的儿子将至威玛拜访,她又与歌德通信。同年12月14日歌德回复她的信:"最后请容许我告诉您:经过这么久之后,重新看到出自您玉手的几行字让我感到无限欣喜,我回忆起往昔,我生命中最幸运的日子,亲吻了手泽一千遍。历经如此多年后来才发生的外在困顿及考验,而我因此有理由想到您的坚强与始终如一的高尚之后,祝您安好与宁静,再次祝福安好,并恳请怀念我。"百感交集的歌德似乎在为这段感情下结论。

妹妹康内莉雅过世两年后,方玛阿姨与妹婿施洛塞订婚,歌德颇不以为然,三个人的关系由无话不谈迅速交恶,终至不再往来。妹婿另缔良缘的同一年,歌德展开第二次瑞士之旅,在施特拉斯堡停留时探望了两位旧情人:俐芊与莉莉。已经意识到歌德冷淡以对的方玛,曾在写给雅各比兄弟的信上诠释歌德扑朔迷离的情感世界:"他身上有太多混合,这使他感到迷惑,因为他无法让爱情安定下来的那一面空白着,保留原状。歌德不幸福,很难变得幸福。"也许她不无道理。

3 我欲乘风归去
1775.11

《少年维特的烦恼》风起云涌之际，歌德的创作力非常旺盛，经常在报刊上发表诗作，同时也为朋友画肖像。1774年12月11日，他刚把房间里的窗帘放下来，以便营造画布上所需要的光线，家人告诉他有访客。

来者不是好奇的读者，也不是旧识。房内的灯光朦胧，客人的身影拉得颀长，他一时以为是雅各比兄弟。登门的是克内贝尔（Karl Ludwig Knebel, 1744—1834），威玛公国（Sachsen - Weimar - Eisenach）二王子的老师。寒暄过后，克内贝尔解释自己正陪同两位王子前往巴黎，公国的嫡长子——十七岁的卡尔-奥古斯特（Carl August, 1757—1828）——则顺路拜访他的未婚妻。他开门见山表示，王子一行人已经赶往下一个城市梅因兹，很希望在那儿与歌德见面；大王子已登上公爵位，正积极延揽人才，而歌德就是他们物色的目标。

威玛公国面积不大，人口不过十来万，十八岁守寡的国母安娜-阿玛丽亚（Anna Amalia, 1739—1807）在众多公国中颇有一点儿名气。她生长于深宫，威震八方的腓特烈二世（Friedrich Ⅱ）是她的舅舅，十六岁进入父母安排的婚姻，这是一桩典型、无所谓真爱的王室婚配。婚后一年，她生下卡尔-奥古斯特，第二年丈夫猝逝时，她正怀着第二个孩子。根据丈夫的遗嘱，她必须负起监护的责任，然而她尚未成年，必须等到一年后约瑟夫一世（Franz Josef）宣告她成年时，才能挑起大任；过渡时期由父亲——布伦什克（Braunschweig）公爵代行监护权。

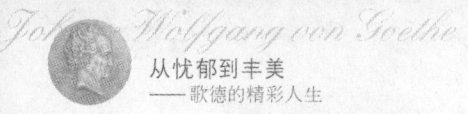

从忧郁到丰美
—— 歌德的精彩人生

接待卡尔-奥古斯特公爵的厅室

可以说安娜-阿玛丽亚一夕之间被迫长大,不识人世险峻的她,在一无心理准备,二无实务经验的情况下,不得不承担抚孤和摄政的双重任务,这使她吃了不少苦头。当她熬过第一波风暴后,首先感受到的,是沉睡的虚荣与自尊心忽然醒了过来。于是她自修宫廷政治学,热烈追求政绩与声誉,将威玛公国治理得井然有序,两位王子也在她悉心调教之下卓然成长。

这些歌德时有所闻。安娜-阿玛丽亚重视教育,耶拿大学因此拥有优秀的师资;她自己是钢琴家,还会作曲,开设的音乐沙龙近悦远来;艺术活动有她赞助,威玛地区的戏剧蓬勃发展。

除此之外,大王子的哲学暨伦理学老师维兰德(Christopf Martin Wieland,1733—1813)才到威玛两年,行有余力,所创办的杂志《德国水星》(*Deutsche Merkur*)有口皆碑,不时引介外国作家的大块文章;前不久歌德才和这位作家兼出版人因笔墨而产生嫌隙。无论如何,种种迹象都显示威玛是个虎虎生风的地方。

但是,从政?他似乎不曾想过。唯一可以确定的是,他老觉得故乡法兰克福十分无趣,留在家中毫无发展,况且他也缺乏发展的兴致与动机。可能离开法兰克福,以及克内贝尔此番来访所留下的好印象,或许勾勒出一幅截然不同于现下生活的远景,所以,他爽快地答应到梅因兹与他们会合。

与法兰克福相比,威玛简直太不起眼了,何况父亲从来就不和贵族打交道，难以想象儿子将成为王公诸侯的策士或智囊团的一员。因为，身为平民的他们，充其量是在服一种高级的劳役罢了。转战威玛的主意遭到父亲强烈的反对。

"和主子在一起，吃樱桃就不好玩了！"他说。

"和好吃的人共享一篮岂不更糟！"儿子脱口而出。

父亲突发奇想，自己的儿子上回开罪了维兰德，乃文坛上喧腾一时的事件，天知道这会不会是个陷阱，把他诱往威玛，方便已经在那儿站稳脚步的维兰德展开报复行动？

歌德觉得父亲愈说愈离谱，但一时找不着有力的反证。

苏珊表姨这会儿罹患重症，歌德去探望时征询她的意见。她不但举双手赞成，并且预测只要开明的母亲不反对，对付父亲自有妙计。一切果真如表姨所料，父亲答应了！于是他立刻启程。

在梅因兹他受到友善且不拘形式的招待，大王子和他谈起莫泽尔（Justus Möser, 1720—1794）阐述诗歌、国家、管理以及法律的一本著作《爱国幻想曲》（*Patriotische Phantasien*）。这本书他很熟悉，所以对答如流；爱才的公爵是否激发了歌德从政的想法，而一心求变与求去的诗人律师决定肝胆相照以为回报？

克内贝尔事后承认，他相信率真的歌德有其严肃的一面，胸臆中应该潜藏有服务的热忱。

带着半成熟的决定回到法兰克福，家人凝重的表情使他吃惊，原来他出门在外的那五天之中，表姨没能熬过病痛的折磨，就在他返抵家门那天入土了。几年前自己生病时，表姨开导他，两人一起研究炼金术尤其带给他不少新颖的乐趣；现在，因为有表姨鼓励他勇于尝试，他才考虑接受新挑战，而她居然已经从人间消失了！

接下来莉莉闯入他的心扉，1775年秋天两人黯然分手。同年9月，卡尔－奥古斯特公爵迎娶美娇娘，途经法兰克福参观秋季展时，口头邀请歌德到威玛看一看；10月中，新婚的公爵夫妇与他确认了出发的日期。

说也奇怪，说好要来接他的马车杳然无踪，连个信息也没捎来，如此过了八天。他早就敬告亲朋好友即将远赴威玛，而且与大伙儿都辞过行了，现在若到处抛头露面，解释起来实在麻烦，恐怕也说不清楚。他决定待在家里哪儿也不去，为了打发闲暇，他着手写一出戏剧《艾格蒙特》（*Egmont*）。

父亲见状重新搬出他的论调：那些达官贵人根本就是寻他开心；再者，出身法兰克福大城的公民说什么都不该蹲到小鼻子小眼的威玛去！无计可施

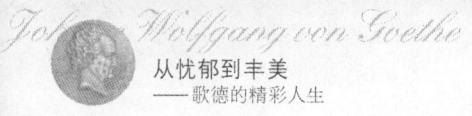

的歌德不知如何是好，文思枯竭，索性搁笔。父亲又开口了，既然行李都收拾好了，威玛那儿又没任何消息，他提议借旅费给儿子，让他到朝思暮想的意大利一游。

10月30日清晨六点，歌德登上驿马车，取道海德堡，而非瑞士，前往父亲坚持此生必游的意大利。如此规划路线有他的理由，说好要来接他的四座马车应该会经过海德堡，所以他一到了那儿就写了一张便条交给邮局，指定了收件人；也许可以得到迟来的马车的消息？海德堡牵绊他的不仅于此，他可以与戴尔芙女士叙旧，谈一谈莉莉的种种。

戴尔芙不打算在已经结束的恋情上花太多工夫，倒是一股劲儿劝他打消去威玛的念头。就在预定赴意大利的那天早上，他被邮车吹起的响亮的牛角声给吵醒，然后他听见邮车疾驰至门口。接下来他看见戴尔芙手提一盏灯，拿着一封信，嘴里嚷嚷："来了，来了。"

他要求独处，戴尔芙把灯留下来，不情不愿地走了。送急件的信使来自法兰克福，光看信封上的图章与笔迹，他就知道接他的人与马车都到了。想到自己曾经随父亲起舞，怀疑这个邀约的真实性，没耐心在家多等几天，差一点儿就临阵脱逃，真有点儿不好意思呢。他穿戴整齐，在房间里踱着方步，戴尔芙过来问他有何打算。

"您不必再劝我了，我决定打道回府，然后去威玛。"

威玛时期

Johann Wolfgang von Goethe

1 高处
威玛初期
1775.11.7—1786.9.3

1775年11月7日，二十六岁的歌德抵达威玛，与他同行的还有仆人菲利浦（Philipp Seidel, 1755—1820）。《少年维特的烦恼》以及之前的《格茨·冯·伯利欣根》将他的文名远播至北地，不少人争睹他的庐山真面目。认识维兰德之后，两人之间的误会烟消云散。威玛果真是个小地方，他在没有铺石块的街道上散步；故乡的朋友反诘，那能称为街道吗？不就是些肮脏的巷弄罢了，连个像样的下水道也没有！刚开始他与菲利浦共用一个房间，名义上由议员冯·卡尔帕（Johann August Alexander v. Kalb, 1747—1814）负责接待他。

那年冬天他主要的差事就是陪公爵骑马打猎，"我的生活像溜冰，蓦地消失，来回召唤和闲荡一下"。他是来做客的，国母安娜-阿玛丽亚身边不乏投帖求见的贵族子弟，每星期三都有一或两位幸运儿被选中，与她共进晚餐，她好就近观察，招募新秀。平民歌德等待着时机，想要从众多青年才俊中脱颖而出，需要一点儿好运道和耐性。

卡尔-奥古斯特公爵小歌德八岁，好不容易脱离了监护人、教师以及母亲的管束，急于享受自由与权力的滋味，玩起来很疯狂，歌德很配合地参与各项冒险活动，两人因此培养出兄弟般的情谊。尽管如此，一直要到了年底，他才获邀参加宫中的宴会。

没有职务在身，没有自己的书房，笔下枯竭，他不得不赊账度日，1776

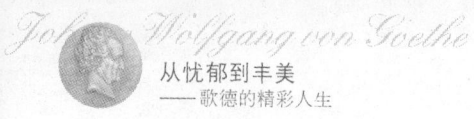

从忧郁到丰美
—— 歌德的精彩人生

歌德堂皇的住宅

年1月、3月，他必须两度拜托方玛女士带话，请父母寄一些钱来应急。"但我现在需要钱——因为没人靠喝西北风过日子——我想要说的只是，亲爱的阿姨，和妈妈一起考虑一下，爸爸是否愿意，看在他儿子有天资的分上，给我两百元，或者一部分？……亲爱的阿姨，您一定要问，而且要有个结果，因为我靠爸爸接济。"当然，公爵很慷慨，"又馈赠了他 百金币"，花钱不眨眼的他仍然拮据，"我欠每一个人钱，但我一点儿都不在乎"。

到目前为止，他离开法兰克福的心愿算是达成了。初抵威玛，从11月至隔年6月他被任命为枢密公使馆参赞这段时间，他过的日子是否应验了维特所批判的"闪亮的烦闷"呢？维特不屑于人们相互掣肘，争逐功名利禄，认为那是一种"闪亮的贫乏"。如今他突然也置身其中，身与心以各项仪典是瞻，整日只关心自己的座椅是否往前挪了一吋。难道他即将成为维特的对立现象，步上汲汲营营者的后尘，处心积虑专为稻粱谋？

他不考虑返回家乡继续律师和作家的生涯，至少日记、信件上都没有这方面的记载。他在等待一个全新的开始，"世界性的角色"。1776年元月，他在给默尔克的信上乐观地表示："我不会因此操之过急，自由与充裕将成为新的安排的主要条件"。

过了一星期,他难掩焦躁,在信中告诉新交的朋友冯·史丹夫人(Charlotte von Stein, 1742—1827):"我的脑子和心都乱极了,不知要留下或离开。"情势不明朗,但是维兰德却在同一时间致函默尔克,预测了歌德的未来:"歌德不可能离开这里,没有了他,卡尔-奥古斯特再也不会游泳或涉水。"他同时也推估,日后歌德所负责的业务之中,如鱼得水的大概不会太多,封建的包袱之外,不容易教化的人民势必成为他的负担。

2月中,歌德心中有了定见,"我也要留在此地,尽我所能扮演好造化乐意给我的角色;就算只有几年,总比在家什么都不做来得好,我在那儿最大的乐趣就是无所事事。这儿至少眼前有几块公爵领地……"

宫中的大臣指责歌德任由公爵流连于声色犬马,当马儿一溜烟奔过田野,马鞭在空中爽脆地响起时,卡尔-奥古斯特沉溺于醇酒与美女筑起的温柔乡之中,这不仅有损道德,也有害健康;满朝文武劝他以早逝的父亲为戒。寻常百姓把年轻公爵的荒唐行径当成茶余饭后的话题,一国之君荒疏国事,整日嬉戏,像样吗?

"歌德在此受人欢迎也遭人痛恨;您想必知道这儿不缺不了解他的顽固分子。"冯·史丹夫人的报道一针见血。

1776年初,公爵把伊姆河(Ilm)边的一栋别墅赠与仍属无事一身轻的歌德,这个姿态应该可以诠释为他希望歌德长住下来,虽然他还没想好要为歌德安插什么职位。房子美其名曰花园别墅,其实年久失修,花园更是荒芜一片,优点是镶嵌在城外的好风景之中。4月份新屋主请工人来整修,一个月之后就搬了进去。有了落脚处,不再寄居,5月19日是一个星期天,他第一次睡在花园别墅里,自况为童话中一种住在森林里,靠泥土为生,款待造访的好人的寂寞动物。菲利浦与他一起迁入,另外请了一位名叫多萝特雅(Dorothea Wagenrecht)的厨娘烹煮三餐。屋内的陈设很简单,多雨的日子,他必须转往厨房,靠那儿的灶炉的柴火驱走湿气。

威玛公国麻雀虽小,公家单位一应俱全,分层管理,有完整的问政制度。威玛城的六千居民中,贵族占百分之一,老百姓中务农者最多,其次为靠手工业及打零工为生的市井,独缺中产阶级——维兰德确有先见之明。难能可贵的是,在这块威权统治的领地上,阶级分别并不明显,只要力争上游,就有出头的可能。

差不多就在公爵把花园别墅送给歌德的同一时期,有一个枢密顾问的位置出缺,公爵属意由歌德递补。通常这个职位由公国内经验老到的公职人员

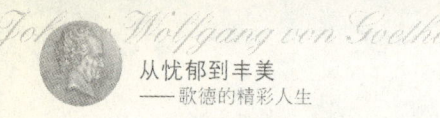

从忧郁到丰美
——歌德的精彩人生

公爵送给歌德的花园别墅

出任,歌德初来乍到,年方二十七,除了傲人的才华和法律博士学位之外,这张履历表说服不了多少人,老臣尤其反对。再者,威玛城的人对歌德之所以行注目礼,是因为公爵与他形影不离,言听计从,并非他展现了什么治事的本领。

4月23日,公爵请冯·弗里麒(v. Frisch)担任枢密委员会的首席时,特别提及歌德:"关于我对歌德博士的意见,您是知道的,我把议会最末一个位子给他,头衔是枢密公使馆参赞。"冯·弗里麒第二天就交出正式的书面意见,当然他持反对立场。

5月10日,公爵拟了一封信,重申他的决定和考量:

"歌德正直,有一颗特别善良且感同身受的心。不仅是我,明理之人都祝福我得此人才。他的才智与才华人尽皆知,诸君将会看到,在一个议会里从下往上供职,无趣又机械化的工作,像他这样的一个人将无法忍受。天才型的人在他过人的才情不被需要的地方并无用处,意思是说,没有善用这位天才。……那些不许我派任歌德博士进入我最重要的委员会的评论,因为他之前既非公务员、教授、内阁或政府成员之类的,完全不能改变任命案。这个世界以偏见来判断事情,但我以及每一位希望尽责任的人,都不会为了沽名,而是为了能够在上帝面前捍卫自己,并且为了自己的良知而工作,所以处理时也不试着寻找这世上的掌声。……"

最后国母安娜-阿玛丽亚出面调停,同年6月11日,歌德被任命为枢密公使馆参赞,两星期后被召入枢密委员会。如前所述,威玛公国的平民也有出头的机会,以委员会中十三个席次为例,只有首席冯·弗里麒是贵族,包括歌德在内的其他委员皆为平民出身。

枢密委员会是公爵最重要的咨商单位,一旦有了决定就要展开实施政策的行动,各委员之间并没有区分谁应该负责哪一类别的事务,换言之,军事、教育、法律、财政、农林以及税务、人事等等一网打尽。歌德不仅每星期至少开一次会,详阅公文并写下自己的意见,还要抽空加强不熟悉的业务。

在威玛从政的最初十年间,他大约处理了两万三千份公文,在召开过的七百五十场会议中,起码出席了五百场。除此之外,他要陪公爵出外视

歌德乘坐的马车

察,一上路少则数日,多则数月不归。堆积在案头的特殊案件却也不曾少过:1777年2月他加入矿业委员会,1779年当上军事委员会主席,同时要监督道路修建工程,再过一个月又受托管理城内街道铺石块一事。他很投入,忙得不亦乐乎,担心将因此忽略文学创作。他的努力颇有收获,三年后被任命为枢密顾问,六年后被封为贵族,从此姓氏前多了一个"冯"字。

相对于繁重多元的工作,歌德初期的年收入只有一千二百塔勒银币,这个数目或许并不算太少,但如果我们还记得他在莱比锡求学时,父亲每年给他的生活费也差不多这么多的话,不免要为他抱屈了。所以,他必须以父亲的庞大家产、自己的稿费及版税补贴日常用度;五十年后,所继承的家产只剩下三分之一,不难想象他所挣的薪资不够应付开销。

故乡法兰克福的朋友不禁怀疑他这样做是否正确,到威玛五年后,他在信上告诉默尔克:"我把自己安排在这个世界里,压根儿不打算放弃暗自保佑我并使我觉得幸运的东西。"再过一年,克内贝尔在他的信中读到这样的句子:"我感谢上帝,他根据我的天性将我置于这样一个既窄且宽的处境,我存在的各式各样的细丝全都可以、也必须被咬断。"

他也以同样的语调与母亲回顾已在威玛度过的近六年光阴:

"默尔克和许多朋友关于我的状况的评断完全错了,他们只看见我牺牲的部分,而我所赢得的却视而不见,而且他们不了解我每天都变得更为丰足,因为我每天都付出如此之多。您记得我来此地之前,在您身边的那段时间,若有这些不间断的麻烦事,我肯定要崩溃。狭隘且缓慢的市民圈子,与我这个人的宽度和速度不成比例,想必将使我狂躁。关于这世界上属于人的热闹

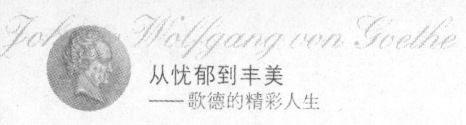

幻想和知识,我一向就很陌生,所以停留在一个永远的童年之中;这个童年又因为自命不凡,以及从中衍生出来的错误,大多时候变得不堪。把我放在一种无法胜任、因没有领会、草率行事而犯错,借此认识我自己和其他人的境况之中,个中不乏让渡给自己以及命运的机会,经过大部分人无此需求、但对我的发展而言却不可或缺的诸多考验,我快乐多了。"

他所创造出来的风云人物维特猛烈批评"个人的极限",然而透过困难度不一的公务,歌德边做边学,承认自己的极限,并设法超越自己的极限。我们当然没有忘记,威玛公国的面积不大,居民不多,需要他费心处理的疑难杂症中,少不得有无关紧要的琐事,但是有得忙使他回到现实,只要他能改善一些现状,协助一些人,就觉得自己有用。他找到了盘根的土壤,于是他收起愤懑,"只要是我经手的事情都让我快乐非常"。

席不暇暖的日子毕竟不利于写作,他愈来愈心焦,"我就像一只被线缠住的小鸟,我觉得有翅膀,但它们派不上用场。"

不愿放弃笔耕,而忙里偷闲要靠技巧和毅力,"我允许自己以伟大的国王为例,每天吹几小时笛子,有时候也练习一下我独特的能力。完稿的东西很多,差不多和印好的一样多,我也有足够的计划,但若要实行的话,我是无法全神贯注的,更缺乏充裕的时间。"吹长笛的国王系指腓特烈大帝。

看得出来他的快乐中夹杂着无法完全如愿的遗憾,不过这在他参与舞台剧演出后获得些许补偿。国母安娜-阿玛丽亚对戏剧投注许多心力,免费招待平民百姓每星期看三场演出,因为她认为没理由将他们拒于门外。1774年祝融摧毁了威廉堡的剧院大厅,原本在那儿公演的团体撤往他乡,因为没有适合的场地,有十年之久在威玛看不见职业演员公演。此时威玛城雅好戏剧的人比比皆是,不但希望有戏可看,更要过过戏瘾,他们自行张罗演出事宜,在新的剧院完工之前的五年里,一群业余演员有时在城里的空地上搭起台子,有时则在公园或城堡里演戏。

歌德走马上任之前,就粉墨登场过一次。知人善任的公爵希望由他来管理演出事项,这个派令于1776年10月1日起正式生效。第二年5月,当初莉莉激发他灵感写成的《艾尔文与爱尔米儿》(*Erwin und Elmir*),首度与观众见面;特别值得一提的是,这出戏的配乐由安娜-阿玛丽亚负责。接下来的几年中,他的旧作纷纷搬上舞台,同时推出新的小品,他指导演员演戏,当然也亲自上场。他坚持布景绝不能马虎,换场时尤需不着痕迹,所以事前的准备与练习很重要。

演戏是一种新鲜的经验,他另外又接触了一个全新的领域,激发出研究自然科学的兴趣。1776年5月3日，公爵派他视察伊尔梅瑙（Illmenau），那儿火灾乃家常便饭，如何灭火是他此行要做的功课。他每天骑马到发生过火灾的地点，沿路的森林、洞穴、池塘与瀑布吸引住他的目光，连声赞叹置身神所在的世界。

美不胜收的风景之外，伊尔梅瑙一度盛产丰富的铜和银，矿业却在三十多年前歇止。公爵希望再度探勘，若矿区恢复往昔的兴隆，公国将增加一大笔收入，而当地人也有了工作机会，可谓一举数得。

重新采矿的工程何其大，身为矿业委员会一员的歌德认为自己急需自修矿物及地质学，脉岩和冶炼也得略知一二；矿坑饱受进水的威胁，研拟出相关的设备刻不容缓。此外，矿工的工作细则，譬如环境是否安全等等，都是他钻研的科目。法律系出身、诗人性情的他不但不排斥，反而兴趣盎然，全心投入这个陌生的领域。我们的作家在认真研读四年之后俨然有专家之姿，当毕业于弗赖堡矿业高等学院的傅乙特（Johann Carl Wilhelm Voigt, 1752—1821）被聘往当地勘察时，在信上教他应该留意哪些事情的，正是身兼数职的歌德。

1784年，经过八年努力，伊尔梅瑙的矿业重新开张，在庆祝典礼上致词时喜形于色的，也是歌德。这个地方的税收一直都充满疑点，经他着手调查后，财税终于上了轨道。1796年秋天，发生了最令人担心的坑道进水，接下来是长达十五年徒劳无功的整修工程。开发伊尔梅瑙终究是一个旷日持久，下的工夫与收益不成正比的计划，苦撑了二十九年之后宣告歇业。没有同时画上休终符的，是歌德的求知欲及强烈的企图心。

就在他刚习惯了忙碌的公务生涯之时，巴伐利亚的选帝侯过世，随之爆发了王位继承的一连串危机。唯恐殃及威玛公国，卡－奥古斯特公爵必须在1778年5月赶赴波茨坦与柏林，以便及时洞悉普鲁士的军队的算盘。歌德是此行不可少的要角。不到一年的时间，战火已然弥漫，普鲁士国王有意在威玛招募新兵，此时，衔命处理这个棘手事情的，又是歌德。

好不容易，局势安定了下来，公爵疲惫不堪，歌德也欣然同意到瑞士旅行一趟以放松紧绷的神经。1779年秋天，公爵夫妇、歌德等一行人，浩浩荡荡出发。9月19日至23日，法兰克福鹿壕的房子里热闹得不得了，歌德的母亲早在8月中就收到儿子的家书，兴奋地按照他所说的布置一切。

"公爵睡在铺有漂亮被单的草褥子上，"他提醒母亲把小房间里的风琴挪开，"有四个人用午餐，食物，不多也不少，不必大费周章，你们吃的家常菜最好，一大早若有水果也不错。"

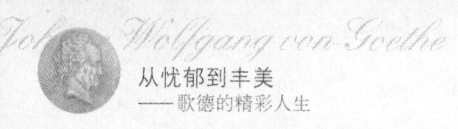
从忧郁到丰美
——歌德的精彩人生

他忽然想起为公爵预备的卧室里从前总是堆满了小玩意儿,"全部拿走,否则他会觉得好笑。墙上的灯留着,此外一切像平日一样整洁,看起来愈不麻烦愈好。你们要像我们已经同住了十年那个样子。……让公爵用你们的银餐具……对了,咖啡之类的公爵不喝。"信末他请母亲守口如瓶,也不可以告诉默尔克。

游子返乡,情绪澎湃的岂止他一人,与他一起到威玛的菲利浦也盼望回到旧宅。歌德的母亲致函国母安娜-阿玛丽亚,以无人能及的幽默叙述一家人团圆的激动场面:

"我坐在圆桌旁,房间门打开了,刹那间宝贝儿子搂住我的脖子,几步远的公爵目睹了我这位做母亲的的喜悦。房内还有几位随行的王公诸侯,又哭又笑的我摇摇晃晃跑过去,恐怕贵客以为我之前喝了过量的酒呢,但我也不知该如何是好。菲利浦也很开心。爸爸终于出现了,现在根本无法形容——我担心他这会儿就要死了呢。"

短暂相聚四天之后,启程赴瑞士。上一次歌德到瑞士旅行是为了逃避与莉莉的纠葛,这次他做好了准备,路上一口气探望了两位旧情人:俐芊与莉莉。

这一趟旅程花掉了四个月的时间,返国时新盖好的剧院正等着他们揭幕。事实上歌德经常因公务忙不在家,所谓的家有两处,一个指城里租的房子,一个是城外的花园别墅。歌德有一股甘心效劳的精神,他对此的认知非常清楚,家务以及财务上多出来的负担,他倒是不放在心上。忠心能干的菲利浦不但总管一切,包括账目,也是他的秘书,随着出公差,甚至帮他写日记、写家书。枢密顾问把家事交给五位仆人打理,行色匆匆的他需要很多寂静的时刻,难得的空闲要留给诗歌与戏剧,满园的芬芳与锦簇也是他的杰作。

最初在威玛度过的十年,稍有闲暇,歌德喜欢躲到他位于城外的花园别墅,他需要独处,远离人群与尘嚣。实际参与政事使他的经历与心情焕然一新,要完成那些繁杂的任务,他必须有纪律,与矛盾共处,然后克服障碍,俯瞰全局,获致较为澄明的看法;虽然失望、不了了之的时候并不少。谁说这不是一个使人成熟的过程呢?静静地观察取代了"属于人的热闹幻想和知识",他在服从于"个人的极限"的条理和序列之中看到了原则。

或许这个原则包括了对朋友的态度?他位居要津、享有盛名,青年时期的朋友上门来请他提拔,自是不可避免。其中老同学伦茨不请自来,而且是在歌德尚未正式任职、青黄不接的1776年4月。

伦茨生活无着,只想在威玛有一个安静的地方住下来,找些事情做做。

歌德建议他应征宫廷教师，或到好人家当家教；这两份差事都需要吃苦耐劳，才挣得到糊口的薪资，伦茨意兴阑珊。歌德由热切迎接他来到，安排膳宿，终至意识到他其实是个不小的负荷。宫中的规范伦茨无意遵守，认为老友及其年轻的主子理当照顾他，他冒失、缺少耐性、心神不宁——精神失常的早期征兆？待业中的歌德困扰之余，不视之为可能挡路的石头也难。当年11月底伦茨再度失态，坊间的说法是他对女士不敬。新科的枢密公使馆参赞已经忍耐了七个月之久，此时他不得不为自己打算，五天之后，公爵授意伦茨离开威玛。

遭到歌德摈斥的朋友不乏其人。一旦他察觉彼此的观点少有联结，艺术与知识上皆无法沟通，对话的管道关闭了；或者，当友情的"方向"使他厌烦时，他会毫不犹豫断绝往来，要不就是划清界限。他特立独行的强烈意志，实施在老友身上时，当然显得无情。

挥别过去的外在方法之一是焚稿。如同初抵莱比锡，返家养病时一样，1779年8月，他整理住处，重读大部分的信件与文稿，痛快地将之化为灰烬。

到威玛来的决定是正确的，中内始终驻着一个不安的灵魂的歌德，地狭人稀的威玛适合他，有形的拘束与节制让他专心致志，"才能从各方面翻转，与所选择的东西会合"。"谁要是希望自己普遍且周全，将什么都不是，极限对艺术家而言乃不可避免，那个希望自己非凡的人亦同。"

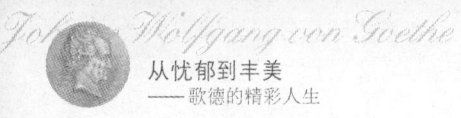

从忧郁到丰美
——歌德的精彩人生

2 无题

冯·史丹夫人
1775.11.7—1786.9.3

初至威玛，歌德是二十六岁的早慧诗人，经过十年历练，他活跃于政坛，成为公爵身边不可或缺的人物。遗憾的是，创作备受冷落，除了酬酢的诗歌，几出戏剧之外，重要作品如《威廉·迈斯特的学习时代》（Wilhelm Meisters Lehrjahre）未完稿，《浮士德》（Faust）呈断简残篇状……个中原因当然是他太忙了，时间被分割得支离破碎。然而，我们忍不住问，难道这些年中他勉力为公，连恋爱也不谈了吗？

哦，不。任何日理万机的要人，一旦心弦被撩拨了，说什么也止不住那悸动。这一回，冯·史丹夫人（Charlotte Albertine Ernestine von Stein, 1742—1827）是那个让歌德乖乖就范的女子。

早在歌德第一次赴瑞士旅行，从苏黎世返回法兰克福的途中，与医师兼作家齐莫尔曼（Johann Georg Zimmermann, 1728—1795）在施特拉斯堡会了一面，这位新朋友把自己所收藏的上百幅剪影与画像拿出来请歌德品评，其中

与歌德谈了十年柏拉图式恋爱的
冯·史丹夫人

一张头像引起了歌德的注意。他惊呼：

"好像可以看到这世界映照在这个心灵内的一出绝妙好戏，她所看到的世界，就是这个世界的原貌，但有爱作为媒介，所以整体印象也是温柔的。"

这是冯·史丹夫人给他的第一印象。

歌德之所以对相学产生兴趣，是受到观相术的创立者拉瓦特尔（Joahnn Caspar Lavater, 1741—1801）的启蒙，而齐莫尔曼正是拉瓦特尔的研究人员之一。所以，一回到法兰克福，歌德便迫不及待写信给拉瓦特尔，叙述自己的观相心得。看了那么多剪影，只有两幅喜获垂青，他认为画面上的冯·史丹夫人"坚定、怡然自得、憨直、友善、忠诚"。

巧的是，画中人是齐莫尔曼的朋友，于是他修书一封，把歌德的诠释一五一十告诉了她。

歌德？那不是所向披靡的《少年维特的烦恼》的作者吗？她当然已经看过这本小说了，就像大部分的读者一样，她也相当好奇，作者到底何等模样，是否穿着和维特一样的蓝色燕尾服和黄背心，眉宇之间有一抹淡淡的忧愁？可否多说一些他的事情来听听呢？

齐莫尔曼在1775年元月19日的信上答道："您要我多谈谈歌德？您希望见他一面？我马上就要报道他的事，但是，可怜的朋友，您不曾细想，您盼望见到他，但您不知道，这个殷勤又迷人的人有多危险！……一位经常如此看待他的干练女子告诉过我，歌德是她毕生所见最英俊、最活泼、最原始、最烈性、最激情、最温柔、最诱惑，对女人而言，一个最危险的男人。"

真有趣。幸好观相术只是歌德众多嗜好中的一个，并未成为他矢志不渝的目标，因为后来的事证明他对冯·史丹夫人的第一印象大错特错；至于从医学跨足文学与哲学，表现不俗的齐莫尔曼，从他铁口直断的架势看来，若继续在面相学上下工夫，凭他御医的身份，想必大有可为，而且名利双收呢。

1775年11月7日，歌德风尘仆仆抵达威玛，12月6日至冯·史丹（Gottlob Ernst Josias Friedrich von Stein, 1735—1793）家做客，女主人正是他在施特拉斯堡有缘一会的影中人。

冯·史丹夫人是威玛公国元帅（von Schardt）的掌上明珠，十五岁入宫，在国母安娜-阿玛丽亚身边当差，二十二岁那年由国母做媒，嫁给冯·史丹。这又是一桩典型的贵族婚姻，门当户对是重点，有没有感情并不重要。她的丈夫负责管理威玛公国的马匹，这个官衔在咱们周朝称做"大司马"，属六卿之列，秦汉以降改称"太仆"，位在九卿之中。

与歌德邂逅时，她已结婚十一年之久，生产七次，其中四个女儿不幸早

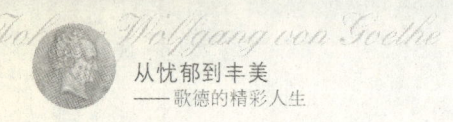

夭,仅有三个儿子存活下来。打从一开始就没有爱的婚姻疲态渐呈,往来的宫廷圈子也激不起任何涟漪,岂止婚姻,整个人生都让她失望不已,她坐困香闺,过着心情上自我放逐的日子。遇见歌德,她的生命起了极大的变化,一度疏离的世界恢复了往昔的可爱可亲。

1776年元月,她送给久仰的作家一枚印章,"如同我永远都不能向您诉说我的爱一样,我也无法告诉您我有多开心",歌德在短笺上毫不隐瞒自己的心迹。"亲爱的女士,很抱歉我如此爱你,如果我能更爱某一个人,我会告诉你的,将无怨地放你走。"

此时两人尚属初识,但歌德满纸浓烈的爱意,打定主意赢得芳心,一点儿都不在乎罗敷有夫。冯·史丹夫人腹有诗书,威玛城的硕彦如席勒(Johann Friedrich Schiller, 1759—1805)、赫尔德(Johann Gottfried Herder, 1744—1803)都是她阔绰宅第的座上客,每有新作必与她切磋,相当重视她的意见。歌德、维兰德与这两位大家,并称为威玛古典派的四颗星辰;四颗星辰以她为中心点,辉映成趣。

让我们看看圈内人如何描述这位奇女子。

克内贝尔说她求知欲很强,用功极了,"她一无所求,绝不忸怩作态,直接,自然,不受拘束,不难也并不太容易相处,没有热情却有精神层面的温暖,以理智关心一切以及所有的人,见闻广又得体,精通艺术。"

席勒说她是个特殊、有趣的人,他同时晓得歌德非常喜欢与她做伴。"她一点儿都不美,但她的脸上有一股温柔的坚毅,以及一种极为独特的坦率。她的本质中具有健全的理智、情感与真实。这位女士大概拥有一千多封歌德的信,他还每星期都从意大利写信给她。有人说,他俩的往来应该是纯洁且无可指责的。"

从保留至今的歌德写给她的六百多封信和便条看来,歌德无可救药地依恋她,像写日记一样与她分享各种心情,大小事情都征询她的看法,"爱"这个字出现的频率不仅高得惊人,而且强度与张力皆不容小觑。冯·史丹夫人放射出锐不可当的魅力,歌德似乎毫无招架之力,唯有束手就擒。

事实上,她矜持,得力于宫中训练,她擅长靠言谈和举止为自己笼上一层面纱,保持安全间距;只不过歌德这厢所感应到的,是一种始终让他苦苦追寻的热度。

不过,这热度也有急遽冷却的时刻,十年之中,歌德不时表示但愿能离她而去。"我希望走开,不再想您。"这是1776年3月歌德启程赴莱比锡之前说的话,等到他果真到了莱比锡,又存心拿学生时代就很着迷的女演员来逗她:"施洛特(Corona Schröter,1751—1802)是一位天使——如果上帝要送我这样一个女人的话,我就不打搅你了——但她与你并不十分相像。"

此时他俩不过认识三个多月,歌德在信上一会儿是合乎仪节的"您",一会儿又变成亲昵的"你",仿佛也在说明他不知如何界定自己与她的关系。冯·史丹夫人很早就下达了"你"的禁令,她告诉齐莫尔曼:"我用这世上最轻柔的语调责备他。"

不过她也在同一封信上宣告:"歌德和我永远当不成朋友,他与女性相处的方式我也不欣赏。实际上,他是人们所说的卖弄风情,不够尊重。"

这话言重了。随着两人日渐熟稔,很快发展出一种亲密的情谊,公开场合见面仍不足以聊慰相思,私下也要频繁聚首,当一切看起来都顺理成章时,大司马可不曾皱过眉头,遑论明言禁止两人交往。歌德清晨起床后写张便条祝福她一日美好,午后在信笺上问候,夜来再长篇抒发一日所为所感。他像一位高明的厨师,任何材料皆可入菜:请求她宽恕,希望她理解,送上小礼物和书时也不忘捎去此情不渝的信誓。这些大司马全都了然于胸,却也乐观其成,贯彻"做人要在有疑处不疑"的原则,慷慨说道:"这个女人发挥了平息歌德青春洋溢的感情的功能"。

青春正盛的歌德不可能不期盼灵欲合一的关系,但因为冯·史丹夫人坚持,他配合地改走精神恋爱的路线。她是他象征性的导师,引领他迈向成熟的人格;《维特》阶段的歌德曾经想过横刀夺爱,期待夏绿蒂改变心意,投向他的怀抱,现在的他甘心于与冯·史丹夫人巨细靡遗的通信与对话,不求其他。他坦承自己幸运,不讳言压抑,既快乐也痛苦不堪,混乱中唯见单一的目标:他爱她,必须接受这种模式。

她无法——或许从来就不打算——回应歌德的情愫,两人之间的情意流转仅能停留在纸上作业,当双方的认知一致时,便勇于领略爱情的各种面貌与花样。"最亲爱的女士,我不容许自己去想,您星期二就要离开,一离开我就是半年;不想又有何用!……如果您有时候也受折磨——折磨是爱情的夏雨"。夏天午后的一场阵雨有助于缓解两人的缠绵,相思则因久别而更加浓郁。

在此,所谓的爱是有争议的,因为这是一场注定没有结果的爱。

曾经抱怨日常所见无一人不有求于他的歌德,想必从冯·史丹夫人那儿获得一种人性、异性的慰藉。她温柔吗?想必是;她善体人意吗?当然;她是否"知君用心如日月"?毋庸置疑,那正是她调教出来的成果!

为什么冯·史丹夫人坚持心灵至上?想来无欢的婚姻生活使她厌恶身体

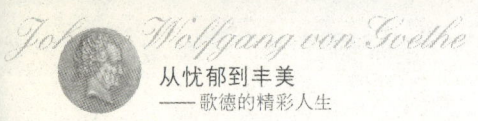

从忧郁到丰美
——歌德的精彩人生

的欲望,而密集来报到的孩子更使她怀疑交欢的意义;所以,一个不索欢的男人才是她理想的"对象"?

歌德刚与莉莉富丽堂皇的世界告别,到威玛来就是一个全新的尝试,冯·史丹夫人着意经营"心有灵犀一点通"的境界,他陷进去了。她拒绝亲近,侈谈共同的将来,反而格外魅惑,歌德益发不能自拔。

他俩发展出一种相互拥有对等的希望与祝福的关系,堂堂登入彼此的生命,关切之深,无人能及。

1797年,歌德计划重游意大利之前,烧掉了所有朋友写给他的信,其中当然包括冯·史丹夫人写给他的信。第一手资料全部流失了,所以我们无从知道她真正的想法,后人只能从保存下来的歌德的书信中,大略勾勒出她性情和神韵的轮廓。古德尔夫(Friedrich Gundolf, 1880—1931)说得好:"我们不太在意冯·史丹'真实'的面貌,在乎的是歌德在她那儿寻找什么,找到以及看见了什么。"

论"知其不可而为之",他俩堪称旗鼓相当。共同的好友维兰德曾经收到歌德传来的如下信息:"这个女人对我的影响力,除了转世之外别无解释。——没错,我们曾经是男人和女人!——现在我们知道了彼此——委婉地,于性灵的芬芳中。——我们没有名义——过去——未来——宇宙。"

当时,灵魂在躯体死后可以重生、轮回的说法十分流行,歌德以此解释他与冯·史丹夫人意气相投,"你泥中有我,我泥中有你"。

一首穿插信中的长诗,透露了这种复杂的情状于万一:

为什么你给我们深邃的眼神,
预见我们的未来,
我们的情爱,我们人间的幸福
从不醺然信任?
为什么给我们,天命,感情,
看到彼此心内,
透过所有奇怪的熙攘
琢磨我们真实的情形?……

他必须在想象中的前世岁月寻索两人的同一性,而她应该和他一样,都希望今生再度完成这种同一性;在跌落如梦的幸福的同时,也身陷朦胧的重围之中。这是写诗的人的想法。不无缺憾的当前处境固然招致痛苦,但他坚称有朝一日她深邃的眼神将豁然开朗，因为，除了两人从前是神仙眷属之外，有别的理由可以诠释当下这一切吗？

三年后，歌德告诉拉瓦特尔："这美丽的爱情是护身符，史丹为我的人生调味甚多。她逐渐继承了我母亲、妹妹以及情人的地位，编出一条大自然似的纽带来。"

可是冯·史丹夫人既不打算离婚，也无意与他双宿双飞。歌德的回应是："我们事实上不可分离，您就让我们一直这么认为，也一直这么说吧。"再过一年，他的诉求又升高了一些，"我但愿有一种誓言或仪式，让我公开且合法地为你所独有，我将珍之惜之。""我们是结了婚的，意思是说：经由一条纽带系在一起，以担忧和苦难交织的爱与喜悦的纸片所组成。再见，问候史丹先生。帮助我相信和希望。"

歌德写给冯·史丹夫人的诗《月亮》

问候史丹先生？！大司马一笑置之。大家都很包容歌德，他是天才，不出格才奇怪。也许大司马是隐忍不发作，感谢他的雅量，否则，这段无以名之的佳话大有质变为丑闻的可能。

"我羞于反复向你提及对你的切切思念"，反反复复想来是双方理还乱的心境，矛盾与冲突处处可见。守着一份没有回馈的情感，歌德沉淀了下来，在静寂中渴望，他的心隐居在自己的天地中，存在与否、存在的形式之类的问题已不再构成困扰，现在，他的心思只专注于一己。

迟暮之年的冯·史丹夫人与歌德重修旧好，风雨已然平息，爱憎、嫉妒、攻讦与挖苦俱为过往云烟。此情可问天乎？实在不必。天气晴朗时，头发斑白的两位老人相约午后散步，与二三老友共进晚餐后，聆听一场音乐，谈天说地只见知性，感性者是四十多载凝聚起来的熟稔与相知。他俩和解了，他不怪她当年种种，她也不怨他另筑爱巢……

1827年元月6日，冯·史丹夫人以八十四岁高龄辞世，生前特别交代送葬行列绕道，避开歌德的家，因为她知道老朋友不喜欢死神耀武扬威地从他面前走过。

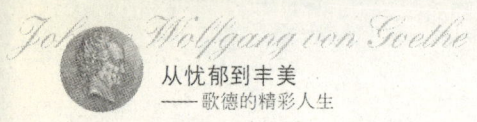

从忧郁到丰美
——歌德的精彩人生

3 取暖
意大利之旅
1786. 9. 3—1788. 6. 18

　　长久以来，歌德饱受胃疾和风湿痛之苦，饮用矿泉水以及温泉浴是坊间受欢迎的偏方，据说有助于新陈代谢，而威玛公国的君臣喜欢去德意边境的卡尔斯巴特（Karlsbad）疗养。1785年夏天，歌德在那儿度过了愉快的四十五天，沿途的石头和植物让他流连忘返，温泉浴场开放的气氛相当对他的脾胃，他在政界与文学界都享有盛名，所到之处颇受欢迎，尤其获仕女们垂青。

　　1778年初，诸事不顺，他消沉抑郁，"我在从肩头滑下的褴褛大衣上爬行"，和冯·史丹夫人之间依旧没有进展，公爵莫衷一是的态度也为他带来不少烦恼。

　　他怀疑自己存在的意义，这个问题压得他透不过气来。就在此时，他决定把发表过、一再被盗印的作品重新整理一遍，交给葛玄（Georg Joachim Göschen，1752—1828）出版。7月份，出版社宣布歌德的八册《文集》（*Schriften*）即将问世，但除了前四册可以如期付梓之外，其余四册不是有待修订，就是尚未完成，而他简直找不到时间与空间。自从他到威玛以后，十年以来少有新作，他当然想念振笔疾书的好滋味，自从葛玄与他签下出版的合约，激起他重返文学舞台，大放异彩的野心，但眼看着翘首盼望的读者要失望了……

　　十年过去了，他的爱没有回报，经手的公事有的停滞不前，不能不处理的芝麻小事却也不曾少过，曾经造成洛阳纸贵的健笔闲置下来，他只能在午夜梦回时空自惆怅。不能再这样下去了，他必须求变。

1786年7月17日，他又和朋友们来到卡尔斯巴特疗养兼度假，8月中冯·史丹夫人脱队，公爵夫妇则在他过生日（8月28日）当天离开。歌德即将远行，前者被蒙在鼓里，后者仅知他的好友兼首席枢密顾问将告假一段时间，细节则不详。9月2日，出发前一天，歌德致函公爵：

"请原谅，告别时我对于旅行和离开只说了个大概，即使现在我自己也还不清楚有何打算。

您很幸运，走向一个受祝福以及所选择的命运，公国井然有序，事情进行顺利，而我知道您准许我现在为自己着想，对呀，您自己就常常这么要求我。"

倚窗而立的歌德

此处的"命运"，指的是公爵发起并促成的诸侯结盟，小国如威玛如遇战祸，将不必单打独斗。

信寄出去的第二天，1786年9月3日，歌德的笔记出现了以下的叙述："半夜三点我从卡尔斯巴特溜走了，不这样他们不会放我走的。8月28日好意为我庆生的那一伙朋友，希望借此争取留下我；不该再犹豫了。我一个人，只带着装着大衣和干粮的袋子，还有一个大背包，登上邮车，在一个美丽、安静、多雾的清晨七点半抵达茨瓦托（Zwota）。上层的云彩似条纹、毛茸茸，下层的则很厚。我觉得这是好兆头，在经受过一个糟透了的夏天之后，我希望能享受一个美好的秋季。十二点到达埃格尔（Eger），骄阳如炽；现在我回想起来，这个地方、这个纬度很像我的故乡，再度于清朗的天空、五十度的气温下吃午饭，真高兴。"

这一走便是一年又九个月，意大利之行难道真乃临时起意，仓促成行吗？

17世纪初以来，意大利在旅人心目中便与法、德、英并驾齐驱，到了18世纪甚至名次超前，罗马显然是关键，她悠久的历史和丰富的文物、古迹，志在四方的人无不心向往之。歌德的父亲就是个意大利迷，获得博士学位后周游意大利，最爱把所见所闻讲给一双儿女听，他用从那儿带回国的艺术品装饰鹿壕房子的前厅，其中有航行于威尼斯水上的平底船模型，小巧的大理石与标本之外，少不得有铜版画点缀其间。

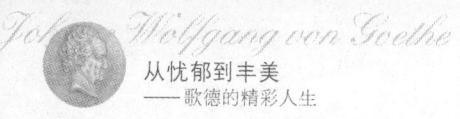

十一年前，说好要来法兰克福接他去威玛的马车迟迟不见踪影时，老歌德不就极力鼓动儿子改往南风徐徐的方向吗？在那之前，大病初愈的歌德前往施特拉斯堡鉴赏大教堂和艺术品时，就十分渴望亲履斯土，在给朗尔（Ernst Theodor Langer, 1743—1820）的信上描绘有朝一日远游的美景："去意大利，朗尔！去意大利！只不过不是今年，太早了；我尚未具备所需要的知识，缺得还多呢。巴黎应该算是我的学校，罗马则为大学；因为她是一所真正的大学，谁要是见了她，就看到了一切，所以我不急着去。"

说这话时，歌德年方二十一，没料到这一等就是十六年，要到三十七岁时才踏上这块土地。这些年间，意大利成了他思慕的原乡，在威玛公国任要职并未满足他所有的渴望，他厌倦了到各地视察、批阅成堆的公文，一而再、再而三压下写作的冲动，终日周旋于人群之中，每当他觉得透不过气来时，意大利的阳光便斜照案头、枕上与马上，发出静谧的召唤。

1786年夏天，所有的不快与不顺累积成一股巨大的低气压，他甚至觉得脚下踏的土地松垮了，而他是个失败者。他必须出走，暂时离开冯·史丹夫人，想办法为苦闷的情绪找一个出口；否则，他担心长期忽略自己真正的需求，所造成的裂痕可能大到无法弥补过来。

去意大利，而且一去经年，他居然可以守口如瓶，说到这一点，就与他个性中神秘的那一面有关了。基本上，寂寞之于他是一种热切的愿望，譬如他玩石头，研究植物、矿物与色彩，隐身于写作与收藏品之中，都说明了他喜欢独来独往。

赫尔德的妻子用"变色蜥蜴"来形容他，"他整个人对我来说是一个谜；我不知如何解开"。歌德对此有自知之明，"我一直都忠于他的上帝，暗地里给我丰厚的祝福，因为人们完全不清楚我的命运，看不见也听不见。"就在他溜去意大利的前两个月，冯·史丹夫人才对克内贝尔说："歌德活在他的观察之中，只是不说出来"。她觉得歌德可怜，因为他话不多，这表示他不太快乐。多年后他俩情谊不复密切，她的看法也稍作调整："很少看到歌德，身上总有些什么，不是一朵云、一层雾，就是一道光泽，使人无法进入他的大气层"。

对朋友与公爵他采取不告而别的策略，但家务事就需要先行安排了，从7月份的两件事可以嗅出一点儿意大利之旅的计划。12日，回复此刻在英国的雅各比的信时，他意味深长地提到："当你回来时，我将移往世界的另一端。"23日，他正式委托仆人菲利浦全权处理他不在家时的事情。

如何取得冯·史丹夫人的谅解呢？"我在一张小纸片上给我的爱人我尚

在人间的信息,但不告诉她我在哪里。我很好,只希望与你分享我所享受到的好东西,一个经常于思念中袭击我的愿望。"

他并不打算和她"分手",但此举——终年远离却事先不透露蛛丝马迹——毕竟激怒了高高在上的冯·史丹夫人,十年来百依百顺的歌德背叛了她!她震怒之余,既惊恐也伤心。

"你病了,因为我犯的过失而生病,我的心好沉重,以至于无法向你表白。原谅我,我自己和死与生奋战,说不出怎么回事,这个紧急迫降把我带往我自己。"

直到他10月29日安抵罗马,才向公爵揭开谜底:"我终于可以开口,满心欢喜问候您,请原谅我保密以及到这儿的秘密之旅。我几乎不敢告诉自己要去哪里,在路上时我还挺害怕的,直到我站在波洛洛门下时,才确定可以拥有罗马。"

一路上他只身一人,隐姓埋名,投宿旅店时自称"约翰-菲利普·莫勒"(Johann Philipp Möller),后来又为自己取了两个意大利味儿十足的名字:"Filippo Miller"和"Tedesco Pittore"。不叫歌德,不必穿上正式的服装,繁文缛节全都丢开,他要做他自己。

在罗马倒是有人可以投靠:肖像画家蒂施拜恩(Johann Heinrich Wilhelm Tischbein,1751—1829)受托为他订旅馆。多年后,两人通信时重温充满惊喜的会面刹那,"我从来没有像第一次见到您时那样,感受到更多的喜乐……您一袭绿袍坐在壁炉旁,向我走来,说:我是歌德!"

这真是一场相见欢,难怪第二天他就搬到了画家朋友位于科索(Corso)的家。此时,《维特》的作者、威玛公国的枢密顾问演出失踪记,跑到罗马来的消息已不胫而走。蒂施拜恩的住所是德国画家必定造访的地方,歌德在那儿不免遇到一些惊险镜头。

著名的歌德肖像

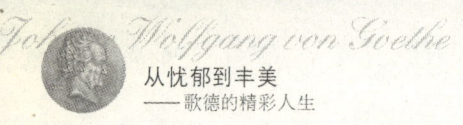

从忧郁到丰美
—— 歌德的精彩人生

"我注意到,不少德国艺术家以蒂施拜恩的友人的身份前来,注视我一番之后就四下走动。他扔下我好一会儿,随后回来对我说:'有趣极了!您在此地的谣言已经传开了,所以艺术家会留意这儿唯一的一张陌生脸孔。刚才有一个人坚称认识您,而且和您交往过,这个我们大可不必相信。他要求来看您,以便消弭疑虑;但他简单明了地保证,您不是歌德,而且这个陌生人的体形与长相都不像您。'"

不像岂不妙哉!在罗马停留了四个月,然后歌德与蒂施拜恩一块儿去那不勒斯(Neapel),一个月之后转往西西里岛,与他同行的是风景画家柯尼普(Christiopf Heinrich Kniep, 1755—1825)。5月时再取道那不勒斯回到罗马,这一次停留的时间比较长,差不多有一年。

优哉游哉的旅者换上雪白的长袍,头戴一顶宽边帽,半坐半卧于蒂施拜恩家窗边一块古色古香的石头上,安静、若有所思眺望远方,四周衬着几件古董。《歌德在坎帕尼亚》(*Johann Wolfgang Goethe in Campagna*)这幅画就是这期间完成的,是屋主最著名的一幅肖像,传神地表现出作家朋友当时正在构思戏剧《在陶里斯的伊菲格妮》(*Iphigenie auf Tauris*)。

"我如同一位想盖一座塔楼,但地基很糟的建筑师;他发现后,乐得把泥土做出来的东西给拆掉,以便打下坚固的地基"。这个发现令歌德雀跃,他努力忘却自己,敞开心胸接受另一个世界,希望在繁多的印象中找到足式典范、行之有效的标准。

此时,主张此生不到意大利就白活了的父亲已经过世四年了,留在法兰克福的母亲当然了解这趟旅程对儿子的意义,在给国母安娜-阿玛丽亚的信上如此表示:"去罗马看看的想法从小就深植在他心中,我想象得出来,他现在饱览远古世界的伟大作品有多快乐——他会开心一辈子——他的朋友也跟着一起享受,因为他有生动地描写所见所闻的天分。"

知子莫若母,她的儿子不但把游记寄给威玛的朋友,建议他们传阅,更为冯·史丹夫人写了一本《旅行日记》(*Reise - Tagebuch*)。其实,他期待羁留异乡时,这份情感会停泊在风平浪静的港湾,但字里行间却不断卷起狂涛:

"我整个人的心思都悬在你身上,回忆经常把我撕碎,力道惊人。啊,亲爱的,你不知道我受着何等的痛苦,想到不能拥有你,我便坠落谷底。我想做什么就做什么,精疲力竭,憔悴日损。我希望给我对你的爱一个形式,希望永远永远——原谅我,我又在说沉默许久的话了。"

天地虽大,却没有这份情爱的容身之处,他仍然不愿面对事实吗?

南方的风光和艺术品让歌德神采飞扬,心闲气定,正因为不必执礼甚恭,形式不再触目皆是，他反而能刺探生命的奥秘，一窥自然与艺术之间的内在关联。

到意大利之前劈头盖脑而来的各种冲突，现在看起来竟是好事，否则，他如何头也不回地上路？他在日记里写着："只有最强大的迫切性才能逼我作出决定"。一走了之并非为了避免冲突，战胜冲突才是他的目标。

"从我踏入罗马那天开始，我视之为第二个生日，一次真正的重生。"他与公爵维持着良好的君臣兼挚友的关系，他说走就走，归期不定，但薪水照领，一个子儿也不少。今天，公爵的信已流失了，从歌德保留下来的信可以看得出来，公爵允诺日后工作将减量，他仍然是枢密顾问，但总理府的例行公事将不再劳他费神，只负责特殊的、以学术和艺术为主的专案。

生命之泉再次涌动的同时，歌德另一个心愿也达成了。"人性"是他自我教育的第一堂课，日记里陆续出现这样的心得："我像一个必须重新学习生活的小孩"，"我无法告诉你，短时间内我所赢得的人性"，"我已经捐弃了以前那些让我自己和其他人不快乐的想法和成见，现在自由多了，每天我都蜕下一层新皮，并盼望以新人的身份归来。"

邂逅外在的世界也同样重要，若想扩大、深化以及加强对自己生命的感触，就得借由学习进入一个崭新的外在；歌德的意大利之旅最出色、最惊人之处，正是这种景观：不一样的自然风貌、新颖的人际、有新鲜感的异域文化。在新国度过着新生活，这种经验无与伦比，他告诉冯·史丹夫人："我是否还是原来那个我？我想，连最内在的骨髓都改变了。"

连菲利浦也说："他的罗马之旅很可能成为他生命中的一个新纪元，我觉得他不是希望在温室里长大的那种人；也许他的个性、他的才华要慢慢地成熟，他才会快乐。"

在意大利，他自幼及长耳闻过的一切全都变成真人实事，走在古老的土地上，他的心漾着幽幽古意，领悟出古典派的伟大。"我管它叫具体和臆想的论证，亦即此地所谓古典派的比例与规则，以前很了不起，现在以及将来亦属卓越。"

空气中弥漫着古典气息，连呼吸都变得甜美，他频频在信中与朋友分享这份喜悦。"我在这儿过着清澄又安静的生活——好久没有这种感觉了"。一件物体是什么样子？他的眼睛便那样看过去，仔细观察，读懂个中含义。他的眼睛忠实地接收光线，不再自以为是。于是他发觉自己沉静了下来，快乐无比。每天都有新鲜玩意儿，上乘、罕见的画作，还有一种他梦寐以求、但想象力永远不及的古朴，在吸引着他的目光。

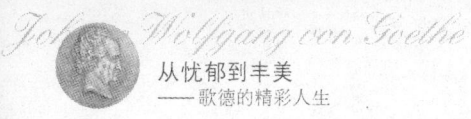

看人时,那不是形单影只的个人,他看到的是一个整体;一如人的形态引发他的兴趣,别人如何张罗柴米,遵循哪些风俗习惯,休闲时做些什么,他都很好奇。他下了许多工夫,语言无法沟通时,有劳手脚及五官上阵,非要把那些独特、有代表性的东西弄个一清二楚。所以,他坐在法院旁听席上,到剧院看戏,混进学校举行会议的厅堂;跟着当地人去商店、市场,两手抱胸,笑看小贩叫卖、顾客杀价;教堂和农场这两个风味殊异的地方,当然也找得到他钻来钻去的身影——玩得真开心!

一路上他独行,摩肩接踵的嘉年华会上,杂沓与喧嚣竟不再令他心烦,反而亲切有味,"那是民间节庆,像另一个归返的生命及编织品,有它明确的走向。"人群让他兴味盎然,穿过广场,散步河边,登上平底船,或者参观宫殿时,让他百看不厌的,是群体,而非单一的个人。"顾客和卖家,船上的乞丐、邻居,酪梨及其敌对者,大伙儿都活着、忙着,关心,说话,保证,尖叫,销售,唱歌,责备,怒骂,发出噪音。"他不看这些人的故事,而是从中察觉一种不自觉、浑然天成的存在;观察大自然,欣赏艺术品时,态度亦同。他研究意大利人,希望在他们身上找到荷马史诗中原始民族的痕迹。

既然谈到自然,就不能避开衰落与死亡这两大课题。外来的、致使充满悲欢离合的生命拦腰斩断的侵袭或灾害,歌德不太放在心上,他着重的是"更迭的编织,一如诞生与坟茔"。航行于威尼斯交错的运河上,当地人忧心咸水湖日复一日吞噬,河水发出阵阵臭味,波及水上人家的生计时,他想,"他的"威尼斯绝不会因此失去丁点儿价值,我们早就应该了然于胸,人与物不是时间的对手,亘古以来谁也不例外。

什么才是永恒?在艺术品中,"发生"化做永恒,在不失其自发性的情况下,成为"本质"。意大利逍遥游一年多之后,他写信给公爵:"我很快就注意到了,其实我对艺术一窍不通,到目前为止,我仅仅就着大自然的反照去赞叹以及赏玩艺术。这会儿在我眼前出现的,是另一种自然,一个辽阔得多的艺术田野,没错,一个艺术的渊海,当我的目光习惯了自然的渊海时,我便怀抱着更多的喜悦望过去。"艺术不是自然的反照,艺术就是自然,根据他所悟得的新观点,生命与形式皆然,就是它的最高境界。

每当自然或艺术方面的知识使他获益良多,就意味着他在自我教育上有了斩获,而存在的感觉也随之攀升。他在信上告诉冯·史丹夫人:"人们所作所为、忙东忙西之中,什么最为不凡?对我来说,个中最有趣者——因为我是个艺术家——是这一切给了艺术家机会,把他是什么以及那股不为人所知的和谐，从存在的幽微之处带到了日光之下。"

他的诗兴活络了起来！着手修订法兰克福时期写的剧作，日记上发出欢呼："我又可以开始了，并且把重要的地方衔接起来"。整理旧稿之外，他也有新计划。在波隆那（Bologna）的某一天，将醒之际灵感乍现，意象清晰的点子在脑海中盘旋，惊喜的他像个孩子似的哭了起来。

沿途他重拾画笔，这固然带给他不少乐趣，但他承认自己由于敬畏身体，所以很难让物体渗入他的心灵内，尤其拙于感知何谓适度。现在，成不了画家不是重大挫败，因为他终于弄明白了一件事：他生而为诗人，重返威玛以后，绝对不能不写作！

一路上他交了一些朋友，那些人不知道他的真实身份，"这表示他们能忍耐我，喜欢我，觉得有我在场很有意思，他们愈是这么想，便以正确的方式与我相处。对那些途中游荡，或者四下闲逛，却仍自以为是信差和旅人之徒，我既冷酷也没有耐心。我一直都这副德行，带着悲痛和嘲讽，直到他们改变他们的生活，或是离我而去为止。"

挥别罗马，等于和他生命中一个重要的历程说再见，一颗种子悄然埋在土中。现在，他知道如何保护这颗奇异的种子，谨慎地照顾它，等它发芽长大。

回程时他在弗罗伦斯驻留十一天，越过瑞士，离开一年又九个月之后，他入境德国，来到莱茵河畔的康斯坦茨（Konstanz）。故乡法兰克福近在眼前，可是他毫无返乡探母的打算。

1788年6月18日，歌德抵达久别的威玛，7月21日写信给雅各比："对，我亲爱的，我回来了，坐在我的花园里，玫瑰花墙的后面，楠木枝下，我一点一点地回来。"

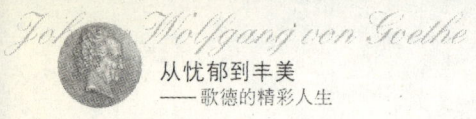

从忧郁到丰美
——歌德的精彩人生

4 红颜
情人与妻子
1765.6.1—1816.6.6

带着美好的回忆回到威玛的歌德,有没有"时差"的问题呢?

克内贝尔不太乐观,"我担心他不会一下子就习惯了德国的空气,尤其德国一切都很糟,而空气还算是足堪忍耐的。不健全的帝国系统,所有可能的偏见,沉闷、愚蠢、麻木、无礼、没有品位以及愚行、自负和贫瘠,这些东西比最恶劣的空气还要糟。"

克莉丝雅娜对歌德的爱与包容让他安定了下来

此时歌德还在打道回府的路上呢。

他个人的危机是否因一趟意大利之旅而解除了?威玛的朋友并不全然清楚,不过,歌德的确和以前不太一样。

他迫不及待要与朋友分享这一年多以来的所见所闻、所思所感,不知怎的,听的人感染不到他那份兴高采烈,只觉得困惑,而他这个津津乐道的人似乎有点儿遥远。他自己当然也察觉了,表面上他仍然与人往来,但茕独的滋味时时袭上心头。

"我从丰富多彩的意大利回到无以名状的德国,明朗的天空转为阴郁;朋友们并未安慰我,把我拉到他们身边,反而令我沮丧。我对那些遥远、不太为人所熟知的东西的赞叹，我的痛苦，我抱怨那些流逝的东西，似乎让他们不舒坦，我怀念每一种同感，没有人了解我的语言。在这不愉快的环境中，我找不到自己，外在的思维要习惯那太多的贫乏，心灵因而苏醒，并尝试着抵消耗损。"

1788年7月中的某一天，歌德刚回到威玛才几星期，一位名为克莉丝雅娜·乌尔皮伍斯（Christiane Vulpius, 1765—1816）的小姐要求与他在伊姆河边的公园见面，她要把靠写作为生的哥哥的求助信当面交给他。对枢密顾问而言，这是一件稀松平常的事，因为他是个有影响力的高官，况且他曾经资助过这位小姐的哥哥。

公园里两人见了面。说不上怎么回事，时年二十三，留着短短的鬈发，圆圆的脸颊上有两抹玫瑰红晕的克莉丝雅娜，也许是她的青春气息，抑或因有求于人而显得羞怯，总之，当下歌德就对她产生了好感。她接受了他的邀请，到花园别墅去。

所有研究歌德生平的人都把1788年7月12日视为一个大日子：他俩不是在这一天相识，就是从这一天开始共同生活。

位于城外的花园别墅隐秘而安全，是他俩约会的最佳地点，所以，黄金单身汉歌德的身边多了一位克莉丝雅娜，城里的人被蒙在鼓里好一段时间呢。

接近他的人，例如赫尔德的妻子卡洛琳，倒是在歌德到她家时看出了一点儿端倪。她写信给人在意大利的丈夫，说歌德神魂颠倒似的，"讲了很多风趣、家里有人味儿的事……他觉得有一栋房子，食物、饮水以及诸如此类的东西很好。"

这个"诸如此类的东西"当然暗指克莉丝雅娜，此时两人在一起不到一个月。七个月之后，纸包不住火了，卡洛琳向丈夫报道："我从冯·史丹那儿获悉那个为什么她不想再对歌德好的秘密了，他把年轻的乌尔皮伍斯当成他的克莱欣（Klärchen），常让她去他那儿等等，她很怪罪他。"

克莱欣是歌德的剧作《艾格蒙特》中的女主角。

明明男未婚，女未嫁，但人人乐得丑化他俩的恋情：首席枢密顾问与人私通！这则"丑闻"传遍了威玛城的大街小巷，群情激奋，议论纷纷：她不配！

克莉丝雅娜何许人也，何以威玛人群起而攻之？

她出生于1765年6月1日，小歌德十六岁，她的父祖辈原为书香门第，父亲一度就读于耶拿大学法律系，后因家贫而中辍学业。他在公家机关当抄写员、管理案卷，每年仅挣得七十五塔勒银币，比打零工好不到哪儿去。前

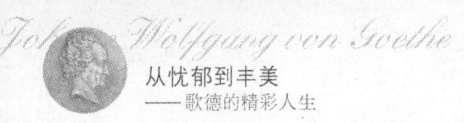

后两次婚姻带给他十个孩子,全靠这份微乎其微的薪水,尽管如此,他还是把长子(Christian August Vulpius, 1762—1827)栽培到高中毕业,又念了几年大学。

这位歌德日后的大舅子也没能把大学读完,一开始靠写小说和剧本养家,接着转往纽伦堡,担任一位男爵的私人秘书。后来男爵找到了一个薪水比他低的秘书,就把他给开除了。这就是他求助于歌德的原因。

乌尔皮伍斯家食指浩繁,所以,克莉丝雅娜十六岁时就外出工作。她没受过多少教育,劳力是她唯一的选择。

公国的财务大臣、出版人和作家贝尔图赫(Friedrich Justin Bertuch,1747—1822)的妻子开了一间人造花工厂,有些中产家庭的女孩在那儿赚零用钱,这在当时算是相当时髦。克莉丝雅娜和她们不同,她来做工并非追求经济和人格独立,辛苦所得必须贴补家用。贝尔图赫是歌德的朋友,他与友人雇用的女工关系暧昧,尴尬的应该是谁?

城外的花园别墅里多了一个人,而且是与男主人同床共枕的年轻女人,直接波及的,想来是歌德与冯·史丹夫人的情谊。这会儿她尚未回过神来,不知是否要原谅他当初不告而别、远走他乡所带给她的惊吓,兀自生着闷气,并怀疑起自己支配对方的能力与魅力呢。

尽人皆知她是枢密顾问心仪的女人,而她不缺与歌德打照面的场合,寒暄几句绝对有必要,但两人之间有一种若有似无的距离。"今天早上我也会过来一下,真想听听你有什么要告诉我的,我只是必须求你,不要把我现在四散纷飞——我可不希望说四分五裂——的举止,太当真了。"这张便条写于1788年7月中旬,他在暗示什么吗?

9月份,几位朋友一起到冯·史丹夫人位于科赫山(Kochberg)的城堡做客,两人之间只能意会的疏离没有逃过卡洛琳的法眼:"她友善地接待大家,但对他缺了那颗心,这使得他一整天都闷闷不乐。"

歌德和一位年轻小姐——一个贝尔图赫工厂的女工打得火热的消息传到冯·史丹夫人的耳朵里的刹那,她的世界天旋地转,分崩离析。曾经飞扬于纸上的情意与誓言瞬间变成了卑鄙的谎言,十年了,歌德扮演着她身边的小绵羊,她享受着他的温顺,每一个含笑的回眸皆属恩赐。现在,他有了新欢!她捂住耳朵,蒙上眼睛,第一拒绝接受事实,第二拒绝承认她与歌德的关系矛盾重重,漏洞百出,不愿正视歌德"灵"之外,还有"欲"的需求。

他怎么能弃她而去,与另一个人共筑爱巢?往日美好的回忆顷刻走调为怨怼、轻视与嘲弄,她恨他。

威玛时期

6月1日，当所有涂上剧毒的箭都瞄准了歌德以及他的同居人之时，他寄了一封信到埃姆斯（Ems）温泉，给正在那儿疗养的冯·史丹夫人。这是一封总结两人走不出死胡同、混沌胶着情感的一封信，他明白表示，"可惜的是，当我归来时，你的情绪很怪异，而我坦白承认：你迎接我的方式，别人如何对待我，让我非常敏感。"他认为自己大可离去，反正他跟谁都没有关联。

"这一切皆由一个看来让你如此受伤的关系所引起的话题而起。

是什么关系呢？谁会因此被夺取了什么？谁有权要求我给那可怜人的情感？谁有权要求我与她共度的时光？

问问弗里兹、赫尔德夫妇，每一个

花园别墅

接近我的人，我是否比以前冷淡、少说真心话，不帮朋友的忙？我难道不比以前更属于他们和这个圈子吗？

如果要我失去你那份最美好、最衷心的信任，必定要奇迹出现。

哪一次若我发觉你心情不坏，与我说些有趣的话题，我会多高兴呀。

但我必须承认，我无法忍受至今你对待我的方式。每当我侃侃而谈，你便关上我的嘴，当我有话要说，你认为那无关紧要，而我为朋友奔走时，你又指责我冷漠、草率。你检查我的每种神色，责备我的动作、我的行为，而且一再让我感到不舒服。假使你老要和我过不去，还谈什么信任与坦白呢？"

写这封信时，克莉丝雅娜已经怀孕了，她将成为他孩子的母亲，而不仅是一场爱情游戏的过客，他必须从长计议；另一方面，与冯·史丹夫人苦行僧也似的情感经此比较，不摇摇欲坠才怪。一星期过后，他追加一封，这次的语气和缓多了。他说，上一封信想必令她十分不悦，他下笔时又何尝快乐呢？不过至少他开口了，而且希望往后两人要多沟通。

"我不抱怨我目前的处境，安之若素，希望经受得住，虽然矛头又指向我，而且迟早会对我不利。

关于原谅，我无话可说，只想求你：帮助我，不要让那个你嫌恶的关系变坏，就让它保持原状吧。

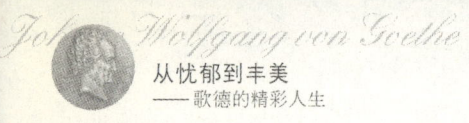

从忧郁到丰美
—— 歌德的精彩人生

花园别墅

再次信任我，从一个自然的观点来看那件事，允许我向你说有关于此的冷静、真实的话，于是我将可以期待，我们之间的一切将达到纯净以及好的状态。"

歌德先振振有词后怀柔，但冯·史丹夫人不为所动，也未被说服，"那件事"从此成了她心上的一根刺，痛得她长期扮演复仇女神的角色。

1789年3月29日，她在给席勒未来的妻子的信上提到歌德，"另外一位过去放在我心上十四年，却让我难以理解的朋友，有的时候像一种病，现在对我来说，如同一颗从天上陨落的美丽的星星。"1794年，守寡的第二年，她写了一个悲剧《蒂朵》（*Dido*），剧中特地安排了一位不友善的诗人，借此大声宣告两人决裂。

歌德是否从一开始就很认真地看他与克莉丝雅娜的关系，只有他自己才知道。如果我们推测，冯·史丹夫人的飞醋和报复行为，周遭的白眼与鄙夷，反而成为一股反作用力，男女主角益发要枪口对外，团结一致；从两人日后的发展来看，应该八九不离十。

作为众所瞩目的枢密顾问的情人，克莉丝雅娜全靠她的天性应付外在险恶的环境，她的要求似乎不多，她不复杂难缠，情人喜欢她这份单纯。满城风雨、乱箭齐发的氛围中，她所具备的特质，对身心俱疲又孤单的歌德而言必定弥足珍贵，所以，即使他并未有长相厮守的打算，仍然一再回到她身边来。

让他俩的关系固定下来的因素想必不少，其中克莉丝雅娜怀孕应该占极大的比重。不惑之年的歌德产生了布置一个家的想法，城内租的房子亟待整修，隔间也不理想，他暂时搬进森林管理员及猎人专用的房子。两栋猎人房分配如下：一栋他自己住，克莉丝雅娜与同父异母的妹妹、姑姑住在另一栋房的楼上。

尽管不是共处于一个屋檐下，但赁屋同居的态势十分明显。他们是合法夫妻吗？还不是。郎才女貌？啐！威玛人怒不可遏，迁怒于公爵，因为这两个人能够公然住进公家房舍，就是他批准的。

放心，不久歌德就会厌倦她了；等到她发觉在歌德身上捞不到什么好处时，自然会滚蛋。

市井拿这个话题练嘴皮子，甚至歌德的朋友也摇旗呐喊，社交圈的淑女从此不愁聊天的素材。赫尔德虽然人不在现场，但他的妻子卡洛琳热衷于传播小道消息，所以他充分掌握这出肥皂剧的发展。卡洛琳与冯·史丹夫人同仇敌忾，"歌德的心完全转向她了，把自己全部送给了这个普通的妓女。"

一时之间，冷感、乏味的合法妻子都找到了骄傲的理由！

坊间飞短流长，这厢情好日密，最令人跌破眼镜者，是歌德与那位出身寒微的女孩愈走愈近，而且再也没有分开过。这不被祝福的一对各有对策，街谈巷议歌德从头到尾没听进一句，甫提应众人要求扬长而去，但克莉丝雅娜吃的苦就比较多了，有人公开给她难堪，背后指指点点更是从来没少过。

1789年12月25日，他们的长子奥古斯特（August Walther Goethe）在圣诞节来到纷扰、挤满了看好戏的人的世上。两天后受洗时，公爵独排众议，当新生儿的教父，但并未出席观礼。话说回来，公爵自己的风流韵事只多不少，只不过他的子民强加沉重的道德枷锁在歌德身上罢了。

儿子先有但不婚，在法兰克福的母亲以她不可动摇的坚定态度突破道德樊篱，支持儿子的做法，接纳克莉丝雅娜之于她，就像歌德是她儿子一样简单，孙子更是获得她满满的关爱。

克莉丝雅娜不含杂质的爱，令歌德对她及孩子呵护有加，她逐渐培养出干卿底事的勇气，歌德由衷欣赏她的泰然自若，不因外在的不善而自乱阵脚，从他这时期所写的诗可以看出

整修房间时，歌德与克莉丝雅娜暂时住的猎人房

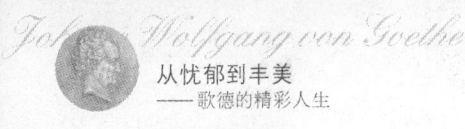

他十分幸福。

1790年初秋,奥古斯特未满周岁,歌德"才回到家又被召去西里西亚(Schlesien)",渐凉的天气以及所在地不靖的局势使得他特别惦记家中的一切,他在信上告诉赫尔德:"到处都有败行劣迹和无耻勾当,除非我与你们一起吃晚饭,睡在我的女孩旁边,否则我没有愉悦的时光。如果你们喜欢我,少数几个人对我友好,我的女孩忠实,我的孩子活着,我的炉火烧得旺,那我暂且没别的要求了。"

这种快乐的确很单纯,母亲的爱也是关键。1793年5月,趁着出访梅因兹之便,他回家探望母亲。不吝惜表达善意的母亲拿出准备好的礼物——一条美丽的裙子和一件下摆有流苏的背心,他立刻把礼物连同问候语一并寄往威玛。克莉丝雅娜感动不已,除了情人的母亲,还有谁把她当一回事?

她回信:"亲爱的,那条漂亮的裙子及所有的东西我都收到了,我打心眼儿里高兴,但亲爱的母亲的问候胜过一切,我高兴得哭了。我瞒着你做了一件事,我写信向可爱的母亲道谢。"

她得到歌德母亲热切的回应:"寄过去的东西讨您欢心,我也很高兴——您穿上那条裙子,作为您所爱、尊敬,以及他也真的值得您爱和敬重的人的母亲一个小小的纪念。……祝您安好与快乐!您的朋友歌德衷心祝福您。"

外在的敌意没有减缓的迹象,小家庭自求多福。奥古斯特近三岁时,原先在城内租的那栋房子经过一番改头换面,家居之外,另有足够的空间陈设男主人寄情的古董、矿石以及藏书。一家三口搬了进去,两年后公爵把这栋堂皇的屋宇送给他于公于私皆不可少的歌德。

克莉丝雅娜一共生了五个孩子,长子奥古斯特健康长大,第二次怀孕生下的是个死胎,长女只活了几天,未满月即离开人世的老四是个男孩,幺女出生三天后就死了。克莉丝雅娜和她的准婆婆命运相似,必须一再面对骨肉早夭的残酷打击。

1795年晚秋,远在法兰克福的准婆婆祈望四孙儿能顺利诞生,但因孙儿的爹娘仍然未婚,她不能透过报纸通知亲友。她当然不必因此感到苦恼或尴尬,神闲气定坐下来写了一封风趣别无分号的家书:

"祝贺未来的新世界公民——让我生气的是不准我为我的孙儿刊登喜讯——也不准公开庆祝——不过,月亮底下找不到完美的东西,所以我安慰自己,我的宝贝儿子快快乐乐,而且比身陷毁灭性的婚姻之中幸福得多——代我亲吻你床上的宝贝和小奥古斯特——告诉后者——圣诞老人一定会把奶奶的礼物带给他。"

旷达的母亲与不哭不闹的情人，歌德夫复何求！

二百多年来，没有人不认为歌德之所以和克莉丝雅娜在一起，纯为情欲，近年来翻案文章陆续出炉，持相反论调者也不少。克莉丝雅娜并不美，以歌德挑剔、难讨好的性格，若非对她有情，如何能钟情一生？她的确平凡，读书不多，如果她相中枢密顾问作为飞上枝头的对象，却要苦等十八年才拥有合法的身份，代价未免太高，太不划算了。

我们不妨分析一下歌德的心理：同时拥有分裂与忧郁两种人格特质，离群索居的同时，又寄寓于人间的缤纷，微妙地在钢索上保持平衡。他一方面急需孤寂，另一方面，简单、少负担的牵绊却也是他盘根不可少的坚实土壤。维特自杀了，创造他的作者寻觅多年，终于有一位女子既给他单飞的自由，又给他一个随时欢迎归来的窝。得此红颜，四面楚歌何足惧！

当然，歌德与克莉丝雅娜极为不同，双方都有诚意融入对方的天地，丝毫不勉强。克莉丝雅娜不但读情人的作品，而且应作者要求给些意见。歌德写给她的信有六百多封被保存了下来，流失的不算，这个数字十分惊人，可见两人有的聊。

克莉丝雅娜写起信来颇有歌德母亲的味道，拼字与文法随意，内容则于浅俗中有一份模仿不来的真，而经常出远门甚至几个月不在家的歌德，很习惯在纸上把一本正经的事和琐事一锅煮，形成一种独特的情味："一旦写出这首诗，肥皂就应该送到了，这样你就可以用你的方式与我同乐了。"

国事与家事报道完毕，克莉丝雅娜总不忘提醒情人不可对别人抛媚眼，歌德一搭一唱，"噢，我亲爱的，没有什么比得上在一起。……有时候我吃起醋来，想象着：也许另一个人更讨你欢喜，因为我觉得很多男人都比我英俊、受欢迎。你不必看到这些，你只消把我当成最好的，因为我不可救药地爱你，而且除了你别的都不喜欢"。至于母亲称准媳妇为"床上的宝贝"，其实是当时的流行用语，思无邪，可别误会了。这不被看好的一对，携手共渡难关，以实际行动写下自己的誓约。

但他俩毕竟没有结婚，克莉丝雅娜有充分的理由大叹缺乏安全感。1799年，歌德三度赴瑞士之前，拟好了生平第一份遗嘱，言明给他"女友暨长年伴侣——克莉丝雅娜·乌尔皮伍斯——所生之儿子奥古斯特"全部家产，孩子的母亲则得到"（在不损害产业的条件下）所有我至死在这块土地上获得的全部收益"。虽然不愁物质上的保障，但娘儿俩长期受人歧视却是事实，这一点歌德难辞其咎。

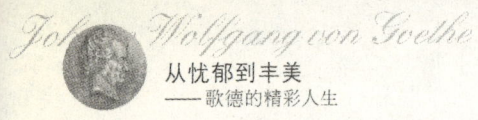

从忧郁到丰美
—— 歌德的精彩人生

1796 年，有人问他为什么仍然单身，他答道："我已婚，只是没有仪式。"然而家中主中馈的女子始终与他的世界截然两分，只要贵客登门她便消失了。她唯一强悍的表现，是在居有定所之后，坚决辞掉忠心又能干的菲利浦，也许她必须从主宰家事中获取一些安全感。

被排挤于歌德的威玛城外的，另有他的母亲。这两位女性都很单纯，善于营造欢乐的气氛，不故弄玄虚或强人所难。自从儿子二十六岁那年离家后，母子鲜少相见，老友纷至沓来，母亲却一直留在家乡，至少信上嗅不出曾经受邀往威玛的气味，儿子大概不希望心直口快的她与权贵周旋时有突梯的言行吧。克莉丝雅娜受到的待遇如出一辙。

实际的情形是上流圈子经常自曝其短，譬如冯·史丹过生日，克莉丝雅娜差人送蛋糕祝贺，寿星在宾客面前面露不悦，说："这下子可有新闻了，我会被人取笑的。"她坚称歌德立下了坏榜样，"我简直认为，我的儿子卡尔根本不会结婚，像歌德一样找个小女孩，因为他觉得歌德这样挺不错，这种关系令我作呕。"奥古斯特呢？高贵的本质源自父亲，粗俗那一面显然承自母亲，而她轻易就能分辨出来！

席勒也故意忽略了礼貌，"他的女孩是一位乌尔皮伍斯小姐，跟他生了一个孩子，现在在他家等于住了下来。……他若以神来之笔终止（结婚的笑话），依旧令我厌恶，因为谁都不会赞同。"克莉丝雅娜之于他是一个隐形人，她与歌德的关系他视若无睹，从来不问候一声，甚至两度在信上称她为"府上的某人"、"小女孩"，展信的歌德默默承受了。

这些克莉丝雅娜全不当一回事，菜园里种的洋蓟、甘蓝、芦笋丰收时，她一定吩咐儿子给冯·史丹夫人送一些过去，收礼的人照例从不称谢。

再过两年，歌德对朋友说："能相信这个人已经和我过了二十年了吗？我就是喜欢她这点，她没有放弃她的本质，始终如一。"一位 1802 年到威玛旅行的人观察到："他身边有个介于女人与女孩之间的人儿，到哪儿都带着她，剧院里也坐在他旁边，演到情深处，她便用温柔的眼神看着他。"

从 1803 年起担任奥古斯特拉丁文、希腊文老师，并在歌德家住了五年的里曼（Friedrich Wilhelm Riemer, 1774—1845），对克莉丝雅娜的看法如下：

"只有这样一位女子，才能助他自由及顺利地发展，不提出名位及头衔的要求，她若属于受过教育的圈子，可能会希望成为作家或者耀眼的淑女，抑或仅能成就家庭和乐以及婚姻幸福，端视她前后动人的经验教了她什么。……毋庸置疑……这种持家和财务上的共同生活，没有一般的婚姻舞台、妻子斥责丈夫，即使这在他亲近友人合法的婚姻中并不少见。"

克莉丝雅娜是个勤快的主妇，她并未因无形的铁丝网而成为深锁阁楼的怨妇，她热爱跳舞，喜欢看戏、郊外踏青，第一项嗜好尤其招人非议。她不避讳在知性上歌德与她南辕北辙，沟壑之深犹恐填不满的事实，有时候干脆开起自己的玩笑：

"你的工作真好：你做了一次，永远都在那儿；我们的苦活儿却大不同矣。我把花园整理好，种上东西等等，一天晚上蜗牛几乎吃光了我所有的东西，我漂亮的黄瓜差不多全毁了，我得从头来。……但有什么用？我希望从头来，不会不劳而获的。可不能毁了我的幽默。"

她的情人欣赏她心无挂碍，鼓励并支持她发展自己的嗜好。夏天舞会一个接一个，克莉丝雅娜信手拈来："今天清晨我们走上大道，因为我必须买鞋子，全都跳破了。"歌德回信说："下次把你上次跳破的鞋寄给我，就是你说的那双，我只想再次拥有我能够偎在心上的你的东西。"

1806年夏天，歌德只身在卡尔斯巴特度假七周，法国大革命的洪水漫过国界，拿破仑的大军节节向东逼近，威玛公国也受到威胁。法兰兹二世退位的消息传来时，歌德正在途中，人心惶惶。8月底，他到耶拿处理公事，空气中隐然可嗅到硝烟味。

不久，普鲁士就向法国宣战，但10月中旬耶拿等城市已被攻下，这意味着敌军已经踏上威玛公国的领土了；27日，法军在柏林展开胜利游行。此时，威玛城成了任人宰割的俎上肉，法军到处打家劫舍，冯·史丹夫人家被抢劫一空，美术学校的校长麦耶（Johann Heinrich Meyer, 1760—1832）同样身无长物，歌德写了一张便条，问他是否需要衣服或食物。附近的城堡陷入火海三天三夜，幸好那几天没有刮风，只殃及六七栋房子。

城里到处都是俘虏与伤患，一连有两位法国将军驻扎在歌德家。10月14日这天，歌德的日记如下："一大早炮轰耶拿，接下来克特萧（Kötschau）战役，傍晚五点钟炮弹穿过屋顶，六点半大军开进来，七点火灾、掠夺，惊恐的夜晚。由于镇定和幸运才保住我们的房子。"

这一天夜里喧嚣的法兵冲了进来，"镇定"指的是克莉丝雅娜出人意表的勇气，使得这场可能伤及性命的抢劫温和收场；接下来他们家有卫兵站岗，才安全一些。

10月17日，遭法兵攻击后的两天，宫廷牧师收到歌德一封请他立刻回复的信："我一个多年以来的决心在这些天及夜里成熟了；我希望为我做了很多，也与我一起度过那些考验时刻的小女友，完全、为市民阶层所认可的，成为我的人。我尊敬的先生与主教，请告诉我，如何开始，使我们尽快，星

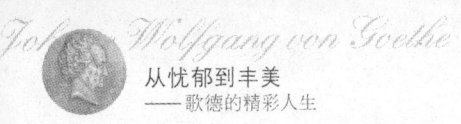

从忧郁到丰美
——歌德的精彩人生

期天或者之前举行结婚仪式。要办哪些手续呢？您不能自己主持吗？我希望在城里教堂的圣物室举行。请您马上把答复交给来见您的信差，拜托！"

信差就在一旁等着主教的回信，可见写信的人的"决心"刻不容缓。18日晚上，朋友们都来了，歌德发表了感言，感谢克莉丝雅娜在战乱时对他忠贞不渝，"于是上帝希望我们明天中午成为丈夫和妻子"。

10月19日是一个星期天，他们在城里的教堂举行了一场安静的婚礼，儿子奥古斯特和朋友里曼是证人，其他人都在收拾善后，无暇分神饶舌。

刚从教堂出来，歌德便把妻子介绍给叔本华夫人（Johanna Schopenhauer，1766—1838），五天后她写信给她的哲学家儿子，叙述这场半路杀出来的会面："我接待了她，假装不知道她之前是谁似的，我想，当歌德让她冠上他的姓之时，我们理应为她斟上一杯茶。"

克内贝尔被告知喜讯，母亲捎来诚挚的祝福，在布莱梅的麦亚（Nicolaus Meyer）也接到好消息："我们活着！"欣喜走告与克莉丝雅娜结缡的同时，歌德要求朋友设法张罗奶油，任何可以寄送的食物都行，威玛城物资匮乏得紧。

现在，克莉丝雅娜不再是歌德的"小女友"，而是歌德夫人。可惜攻讦的火力未尝稍减，指责她迷恋舞池与酒池的闲言碎语继续在大街小巷流窜。新婚的歌德夫妇一起散步，坐敞篷马车兜风，溜冰，看戏时坐在同一个包厢里，一举一动都被拿到放大镜下剖析。

10月底，以艺术理论见长的费尔诺（Carl Ludwig Fernow，1763—1808）对语言学家薄提格（Karl August Böttiger，1760—1835）说："乌尔皮伍斯女士恐怕是这场苦难中唯一受惠的人。"11月24日的《汇报》（Allgemeine Zeitung）上刊登了一则摘要，刻薄的程度差不多，当报上的恶毒言论愈来愈多时，平安夜那一天歌德口述了一封披盔带甲、来势汹汹的长信，打算寄给这份报纸的发行人寇塔（Johann Friedrich Cotta，1764—1832），但他终究按捺住投邮的冲动。第二天，犹有怒气的他重新坐在书桌前，写了一张含蓄但不含糊的短笺，他问这位友人："一份报纸难道可以拿个人如何面对所遭受的不幸做文章吗？"最后，他用"终止这些不足取的废话，否则不消多时将会破坏相互的信赖，不可继续！"结束了他的抗议。

说这些难听的话的人，包括刊登的人，都是歌德的熟识！这些不愉快的经验使得他日后预测，"新闻自由"有成为"新闻傲慢"的危险，预言神准到甚至适用于今日媒体的地步。

慢慢的，威玛人毕竟习惯了克莉丝雅娜是首席枢密顾问合法的妻子的事实,发正式的邀请函时不能独漏歌德夫人。

话说回来,歌德与克莉丝雅娜难道不是绝配?且让我们用一件事情来证实。这对夫妻几乎每年都会去温泉地疗养,他们各奔目的地,独享一段清闲的时光。1811年夏天,克莉丝雅娜与丈夫同行至卡尔斯巴特,歌德向女伯爵爱莉莎·冯·瑞克(Elisa von der Recke, 1754—1833)介绍她时说的话,足以让好事者瞠目结舌:"我向您推荐我的妻子,

歌德家的后景,园中的花草是克莉丝雅娜的最爱

证词是自从她第一次踏进我的家之后,我只能感谢她带给我的快乐。"伯爵夫人事后回忆,她能够想象,吸引歌德的正是克莉丝雅娜"容易满足、开朗,非常自然的理智";此外,她从未听过她说别人的不是。

1815年,克莉丝雅娜的健康亮起红灯,下腹剧烈疼痛、痉挛,然而医师始终说不出个所以然来。去卡尔斯巴特疗养稍微减轻不适,但冬天来临时,情况恶化;春意初显时,她兴起整顿花园和家务的念头。隔年3月15日,歌德作了一首诗《整年春天》(*Frühling übers Jahr*),作为对一生的伴侣迟来的礼赞。诗中的克莉丝雅娜胜过大自然之美,因为她是他不停歇的春天,一整年都绿意盎然,花开灿烂。

5月末,她的情况更不容乐观,歌德的日记每天都出现"至为危险"的字眼。他的妻子痛苦非常,与死神搏斗的时间拖得很久,照顾她的人或者访客甚至不愿意待在她房间里,免得目睹那艰辛的画面:她的身体因痉挛而打战,屋内的每个人都听得到她的哀号,剧痛中她咬断了舌头……筋疲力尽的看护夺门而出,留她孤军苦战。

以今日的医学观点来看,克莉丝雅娜应该是罹患尿毒症,血液中毒引发肾衰竭。

6月6日中午,"接近我妻子的最后一程了,她最后一次巨大的战斗。近午她逝去,内在及外在的我处于空虚和死亡的静寂之中。"

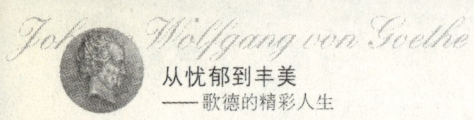

从忧郁到丰美
——歌德的精彩人生

有人说歌德在最后几分钟听从了医师的建议，走进房间，执起妻子的手，轻轻摩挲她的额头。回光返照的她认出了丈夫，但已无法言语。

有人说他泪流满面倒在她的病榻前，呼喊着："你不应该，你不能丢下我！"

比较可靠的说法是歌德根本没踏进弥漫着死亡气息的房间，而是采取他一贯的敬而远之的措施，"死亡是一位差强人意的肖像画家"，他说。

妻子在身体承受巨大痛苦后死去，深受撼动的歌德在这一天写下一首四行诗：

你尝试，哦太阳，白费了心机，
穿过灰暗的云照耀！
我一生的好处
是，哀悼失去她。

接下来的日子里，歌德张皇失措，乱了方寸。6月24日，克莉丝雅娜死后十八天，歌德致函建筑师、科隆大教堂主要的推手波依瑟瑞（Johann Sulpiz Melchior Dominikus Boisserée, 1783—1854），"在您面前我不想否认，为什么要夸张，我的处境与悲观绝望接壤。"他不愿意多谈自己有多悲痛，但他确实站在悲观绝望的边缘，换言之，他前所未有地沮丧。

病榻上克莉丝雅娜不舍的眼神与惨叫声远去了，家里静极了也空极了。葬礼上不见歌德的身影。

5 知己
席勒
1759.11.10—1805.5.9

歌德认识的人何其多，好友也不少，以青年时期的莫逆之交默尔克、亦师亦友的拉瓦特尔而言，前者1791年自杀身亡，后者与他渐行渐远。到威玛之后，维兰德立刻赢得他的信赖，而负责去法兰克福接他的克内贝尔更成为他心中的"纯朋友"。这些人全都不容小觑，然而从德国文学史的角度来看，诗人暨剧作家席勒才是那个与歌德相濡以沫，成就古典派篇章的人物。

说起歌德与席勒相识到相知的过程，还真有些曲折。不过，我们先介绍席勒这个人吧。

他生于1759年，父亲是军官兼外科医师，执勤的地点经常调动，所以举家随之迁徙。席勒十三岁时初试啼声，写了两出戏剧，十四岁在斯图加特（Stuttgart）入军校并研读法律，森严的纪律让他吃足了苦头，到了十五岁还尿床，因而受到两次苛刻的惩罚，他靠吸鼻烟、偷看禁书挨过这段时光。两年后他转读医学系，大量阅读狂飙时期的作品，和歌德一样，也对诗人克洛卜施托克赞赏有加。二十岁那年他通过了第一次医学考试，二十一岁取得博士学位并获准以军医的身份离开军校。

1781年，他匿名发表历时五年完成的剧作《强盗》（*Die Räuber*），隔年在曼罕姆（Mannheim）剧院上演，大受年轻人欢迎。卡尔-欧根（Karl Eugen）公爵下令不许他出席首演，因为这出戏鼓吹血气方刚的少年不要向现实低头，而且在接下来的几个月中，南德地区果然冒出了不少所谓的帮派。席

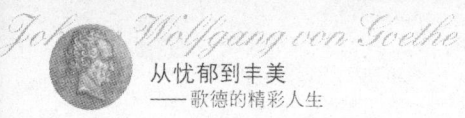

从忧郁到丰美
—— 歌德的精彩人生

威玛广场上歌德（左）与席勒（右）的塑像

勒公然抗命，为此坐了十四天牢；公爵再下一城，禁止他撰写类似的题材。

于是他逃离了斯图加特，从此展开三年居无定所的日子，这段颠沛的日子里他文思泉涌，脍炙人口的《卡洛斯先生》（*Don Carlos*）就是此时完成的。但等到这个剧本出版并搬上舞台，已是他迁居威玛的1787年，彼时歌德正在意大利旅行。

早在1779年12月，歌德与卡尔-奥古斯特公爵自瑞士打道回府，途经斯图加特时，席勒即慕名前往，见过大名鼎鼎的诗人一面。当时两人地位悬殊，席勒是年方二十的培训员，长他十岁的歌德不但是文坛耀眼的早慧明星，又是前景无限的枢密顾问；两人没有交集并不令人感到意外。

小有名气的席勒1787年初抵威玛，每当他提起有一面之雅的歌德，语气总是佩服中微有酸意，当年大作家冷冷地拒绝了他伸出去的手，如今他仍仰望他的光环，若能获他加持灌顶，夫复何求！

8月的某一天，席勒堂堂踏进克内贝尔借住的歌德的花园，当大伙儿坐在一起喝茶聊天时，席勒注意到，举座非权即贵，而不在场的屋主恰是中心话题，俨然精神指标；他相当不以为然。回到家中，他在给好友克尔纳（Christian Gottfried Körner, 1756—1831）的信上数落了这个现象，认为那是一种"对所有抽象推理的傲慢的哲学轻视"，又说捧歌德的人简直无法接受五种感觉器官有其局限的事实，"因为他们宁愿寻找药草或研究矿物学，也不要被空洞的论证所绊住"。

但这不妨碍他两星期之后在同一个地方为屋主庆生，"我们大快朵颐，我喝莱茵河区产的酒祝他健康。他在意大利很难想象家里的客人中还有我，但命运巧妙地把这些东西衔接起来了。"

再过一年,歌德结束第二次意大利之旅,途经鲁道尔城(Rudolstadt)时,席勒与他正式见了一面。席勒分别在两封信上向克尔纳叙述自己的心情:

"更频繁待在歌德身边的话,我将不会快乐。……事实上我相信他是个无与伦比的利己主义者。……不应该让这样一个人在我们周遭冒了出来,我因此讨厌他,虽然我打从心眼儿里欣赏他的聪明才智,认为他很了不起。"

"这个人,这个歌德,有一次我在路上遇见了他,他立刻知道我是那个命运乖舛的人。老天轻易就赋予他才华,而我此刻仍在奋战!"

批评歌德冷淡、自我中心的人不少,冯·史丹夫人不也说他讳莫如深,猜都猜不透吗?如前所述,歌德从意大利回来之后,朋友看他虚无缥缈,他也觉得备受冷落,没有人了解他。意大利的古文明让他大开眼界,他却也因此一时之间拒德国新锐作家的作品于千里之外,席勒当然是其中之一。

1789年5月,席勒在歌德提名的情况下,成为耶拿大学的教授。美其名曰教授,却是个无俸禄之职,他的专长在哲学,开的偏偏是历史课。凭他是《强盗》的作者,慕名选课的学生很多,第一堂课开讲《何谓大学生读通史,要到何等程度?》,更是爆满到必须换一间较大教室的程度,成为耶拿城的头条新闻。

席勒此时虽然不住在威玛,但对歌德的一举一动了如指掌,譬如克莉丝雅娜这号人物。1790年11月1日写给克尔纳的信上,他先指出:"我也不全然欣赏他的哲理——太多取自感官世界,我的则唤自心灵。总之,他的想象方式过于形而下,加重了我的负担。但他的聪明才智发挥作用,研究所有的方向,并努力要建立一个整体——所以我觉得他不凡。""感官世界"、"形而下",显然暗讽歌德地下化的恋情,因为他在同一封信里不忘毒舌了几句。

僵局直至十五年后才打破。1794年6月13日,席勒写了一封措辞恭谨的信给枢密顾问,邀请他为筹划中的《赫拉》(Horen)——文学与美学月刊——撰文并审稿。

收信者喜出望外,主要的原因是他被孤立得太久了;孤立又分为两种,一为文学,二为生活。

赴意大利之前计划交由葛玄出版社印行的八册《文集》,拖稿严重,比预定的时间晚了三年才全部付梓,而且销售成绩不佳。不但如此,出乎作者意料的是,他研究自然的心血文字并未受到重视。在威玛度过的最初十年中,歌德已意识到他的创作之路难以为继,重出江湖的心愿一直啃啮着他的文学性灵,却又苦于无《格茨》、《维特》那样引起轰动的作品。他厌倦了人们始

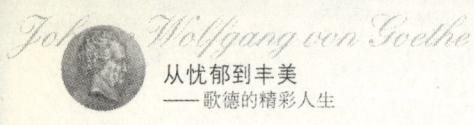

终视他为这两本书的作者而崇拜他,渴望突破旧格局,以新颖的姿态重登文学舞台,绽放光芒。再者,自从他与克莉丝雅娜共同生活之后,所受到的讪笑与排斥未尝一日稍减,社交之于他等于一场又一场戴着面具的舞会,他至盼人们接纳他及他的生活。

这个邀约不啻为长期陷入围城之战的歌德打开了一扇门窗,6月24日,他欣快地回复:"我将喜悦及全心参与。"7月22日晚上,他俩在柏林大学创办人之一洪堡(Wilhelm v. Humboldt, 1767—1835)的家共进晚餐。7月25日歌德追加了一封信,重申为"更频繁地交换想法"而高兴不已。

席勒何尝不在等待契机?《卡洛斯先生》之后,他也遇到瓶颈,只好埋首研读哲学与美学。所以,一个可敬的对手,新的激励以及彼此了解的伙伴,是他俩在这个时期共同的心愿。

再度激起歌德创作热情的席勒

"我回来后收到歌德一封很诚恳的信,他现在终于信任我了。六星期前我们曾经针对艺术与艺术理论长谈,告诉对方,我俩截然不同的路径之主要概念何在。这些概念中有一个不期然的一致性,尤其有趣者,是它们出自天壤之别的观点,每个人都可以给另外那个人所缺少的,以及接收了什么。"

六星期前的一次长谈是关键,也是文学史上的一段佳话。后人推算,大约是1794年7月20日至23日间的一个晚上,歌德出席了耶拿大学的自然科学和医学系教授巴璩(Aug. John. Georg Karl Batsch, 1761—1802)办的研讨会,席勒也在座中。会后两人狭路相逢,寒暄过后,话题很自然地转到是晚讨论的重点。

到了席勒家门口,谈兴正浓的歌德应主人之请,走进屋里坐了下来,愉快地说起他潜心研究的植物变种问题,并随手画起了一株象征性的植物。歌德滔滔不绝,席勒听的同时又看他作画,十分专注。画完最后一笔时,席勒摇摇头说:"这并非得自事实,而是一种想法。"

歌德愣住了,稍有愠色,"因为这不留情地指出了将我俩截然两分的重点。一年前他在《优雅与庄重》(Anmut und Würde)一文中的坚持再次浮上我的脑海,昔日的不满眼看就要一涌而出,但我打起精神,说:'我拥有像经验似的、从外而产生的想法，甚至能够看到它，就像见到真实的东西那样，真不错哩。'"

接下来席勒说的话更让歌德觉得不自在了，"想法怎么可能取代事实呢？想法必定存在于后者的特性之中，永远都不会和事实完全相等。"

这一回歌德很乐观，他事后回忆起当时翻搅于心中的，"如果他把我所说的事实视为一种想法，两者之间必定有些居间调停的东西存在！"

这场清谈为后世读者制造了一个巨大的旋涡，人人晕头转向。这里试着解释一下："事实"指客观、可审查考核、得自学习或事实的东西；"想法"则是主观、无法审查考核、与事实没有关联的东西。

两位文学巨擘经过十五年的琢磨、观望，心中的芥蒂消除了，偏见置于一旁，不仅决定破解文人相轻的魔咒，更要携手合作，为德国文坛挹注新的力量！破冰的行动一旦展开，友谊的温度便快速上升。

为了更进一步认识彼此，广泛地交换意见，9月时歌德邀请席勒到他家小住两周。席勒的身体羸弱，三年前大病一场，剧咳、晕厥、疑似肺结核。他老实告诉歌德，他乐意去做客，只不过夜里他常抽筋，以至于无法保证时时都有好心情，"我只要求最起码的自由，获准在府上生病。"

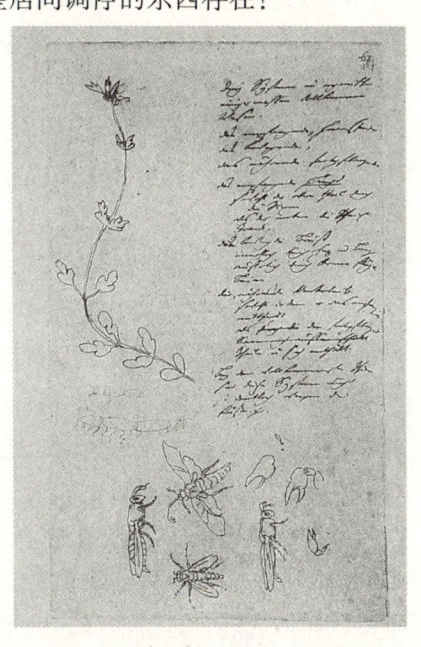

歌德关于植物的手绘和笔记

这两星期是相当不寻常的一段时光，以作息而言，客人日上三竿方起，然后伏案至深夜。克莉丝雅娜与五岁的奥古斯特彻底消失了，无论席勒何时出现在哪一个房间！

他对歌德的家庭状况迭有微词，咸信那是友人"唯一的弱点"，误解了家庭幸福的含义。

歌德岂是挨闷棍之辈？席勒沉溺于烟草，喜欢玩牌，他也直言无讳。吞云吐雾在席勒是一种享受，歌德只觉得受罪，他戏称烟草把芬芳的气息挡在门外，好友不得不借助腐烂苹果的刺激，才请得动缪斯。

四个月后，席勒喜滋滋告诉名叫何菜（F. W. D. Hoven）的友人："今年夏天我终于真正和歌德交上了朋友，没有哪个星期我俩不见面或写信的。

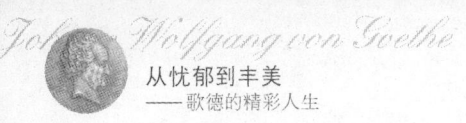

……他精通自然史，眼光远大，投向有机物的经济学。……关于艺术理论，他想得很多，采行的途径大异于我，但结果相同。"

歌德与席勒的确是两个南辕北辙的人，套句歌德的话，他俩分别住在地球的两端，意见完全相反，何言交会！这些席勒当然也不否认，但如今他惊喜地发现殊途而同归！

欣赏古代艺术品、古物或后代子孙的作品时，歌德从中所理解总结的风格、美、内在法纪及其价值；席勒要透过严谨的理论思考，才能获致相似的结果，受此启发，他认为在焕然一新的古物中依稀窥见和谐的人类。

在创作上，席勒谨守质朴与典范两大原则，"质朴乃成熟之成果"。这些信念与歌德的风格、事物本质说相互辉映。

关于理想化，席勒说："对我而言，理想化只意味着卸除所有偶然的规章，赋予它内在必然性的特征。"歌德指出，质朴也好，典范或理想化也罢，在在需要诠释，于艺术中获得证实，但这只是暂时避开了困难，即"内在必然性的特征"究竟如何，况且所谓艺术上的实现一直都争议不断。

理想与现实之间的分歧不容忽视，席勒确信："完善唯有显现于艺术美之中，在这个审美微光的世上，艺术家就是那个有能力促成和解的人。"

艺术之外，对于此时正如火如荼进行的法国大革命，两人所见亦略同。

歌德赞成改革，但不支持革命，常以"历史上的痉挛"来形容动乱不安。他认为贵族与平民必须聚合，共同期待美好的未来，然后在已存有的环境中，谨慎发展，进行演绎，改革必须符合时代的需求。在革命与反动、彻底推翻及狭隘地坚持已存有的之间的中间地带，足以找到他所信仰的自然与艺术。换句话说，他但盼选取第三条途径，以便解决纷争，消弭仇隙。

"政治与平民的自由永远是所有美好事物中最神圣的，一切努力最尊贵的目标，以及一切文化的伟大中心——但我们只能在一个高尚特征的坚实基础上盖这栋壮观的建筑，所以在我们给公民一部宪法之前，先要为这部宪法创造公民。"这是席勒的看法。

艺术与革命拉近了这两个极端不同的人的距离。从此，席勒是歌德家的常客，歌德也经常驻留耶拿，"歌德五号就来了，还要在此留几天，好庆祝我的生日。我们从傍晚五点坐到十二点，半夜一点了仍在闲聊。"

好事者当然把歌德经常不在家解读为受不了家中的气氛，刻意远离克莉丝雅娜。

1796年以后席勒在威玛有了固定的住所，成为歌德的近邻，仿佛预知这长达十年的友情将流芳百世似的，他们见面之外更勤于纸上交流，文史哲与艺术耗尽所有的墨水，互补长短。即使激辩时坚守阵营，也始终没有越过尊重的界限，也都懂得维护及维持现状，一直都以"您"相称。不谈隐私，从未天外飞来一笔，从头到尾就事论事，理性与冷静是歌德与席勒通信的基调，因为所谈多为哲学演绎或严谨的理论，留给情感、情绪的自然就有限，乃至付诸阙如。

为《赫拉》写稿的都是一时之选，1796年至1800年之间，席勒创办了另外一本文学杂志《缪斯年鉴》（*Musenalmanach*），展开歌德称之为"异想天开的冒险"的合作，联手撰写讽刺短诗，极尽讥刺同时代的文人及其作品之能事，两人因此树了不少敌。

记得那位丑化《维特》的尼克莱吗？这回也被流弹射中，闯祸的是他1783年起连续出版四集的《德国与瑞士游记》（*Beschreibung einer Reise durch Deutschland und die Schweiz*）：

尼克莱 尼克莱还在旅行，他还要旅行，
但他找不到进入理性国度的路。

以经验为凭的怪胎 可怜的以经验为凭的魔鬼！你根本不识你自己的愚蠢，哎呀！根据经验那如此愚蠢。

还击者大有人在，一时间各杂志成了文人相互取笑甚至攻讦的地盘。

重拾写作热忱的歌德曾经在信上告诉席勒："您为我张罗了一个二度青春，使我再次成为诗人。"

1795年元月，与席勒结交半年有余，歌德便出版了搁置已久的《威廉大师的学习年代》（*Wilhelm Meisters Lehrjahre*）第一集。1797年4月，以战争为背景的抒情诗《赫曼与多洛缇亚》（*Hermann und Dorothea*）完稿，尝试用诗意与法国大革命角力。这期间他也试写叙事诗，从抽屉里拿出《浮士德》未成篇的旧稿，他在信上告诉席勒："我们钻研叙事诗又把我带往这条昏暗、有雾的路上。"

长久以来，歌德的心头萦绕着一个点子：编一本关于意大利的百科全书。这个愿望可惜未能实现，为此收集的资料、随笔和草稿不用又觉可惜，他对薄提格表示有意编辑整理一番，交由寇塔发行几册八开本供人阅读。寇塔认为对艺术有兴趣的只属小众，建议发行杂志的同时，以附刊的形式请歌德发表研究艺术的心得。

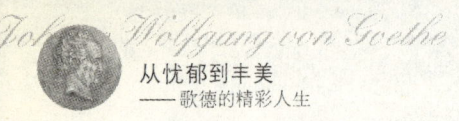

从忧郁到丰美
——歌德的精彩人生

1798年岁末,《通道》(*Propyläen*)上架了。钻研艺术经年,却"老在前院徘徊",是歌德的感叹,所以他期待这本杂志披荆斩棘,辟出一条通往自然与艺术殿堂的曲径,成为"受雅士欢迎的可读之书"。

要害一个人,就劝他办杂志;这句话不但古今通用,而且中外皆同:《通道》撑不过三年就宣告停刊。

举家定居威玛的想法,不时在席勒的脑中转一下,公爵每年拨发他四百塔勒银币,即使加上爬格子不赖的收入,应付两地的开销及交通仍然吃力。歌德当然欢迎他与妻小都住在威玛,但不希望好友继续漠视他也有家室的事实。1799年5月20日,席勒耶拿的家中出现了不速之客:歌德阖第光临。有趣的是冯·史丹夫人也在同一个屋檐下。歌德一石两鸟,一来要求朋友正视他的私领域,二来与冯·史丹重修旧好。

两家往来并不如想象的那么简单,但孩子们很容易就打成一片,冯·史丹从此不但欢迎奥古斯特到她家去,歌德送新作过去时,她也不再掷回了。

同年10月,席勒的妻子生下一个女儿,产后的情况相当不乐观,高烧、昏迷不醒好几个星期。"我们的心境交织在一起,您所遇到的,我感同身受。"历经四个孩子早夭的歌德安抚焦虑的朋友。

适时提供具体协助的是克莉丝雅娜,她不计较过去席勒夫妇对她的冷落,把他们的长子卡尔接过来。"他很习惯我了,一直跟着我",她告诉此时已因要帮席勒搬家而到耶拿的歌德,他拜托她一并照顾另外两个小孩。或许好心的她再次遭到白眼,因为她回信乐意之至,但把新生儿与保姆接到家中就有些麻烦了。

12月初搬家之事底定,席勒的妻子暂时住在冯·史丹夫人家,歌德把修路用的马车借给他,方便他把所有的家当运到威玛。

"席勒在这儿是我很大的安慰",这是好友抵达这天歌德的心声。现在,文学上的切磋之外,日常生活上交集之处也不少。席勒病弱,经济条件大不如家当、版税以及薪水都丰厚的枢密顾问,歌德为他着想是不落痕迹的:"我问您今天能否来看我一下?您进屋子后走到大楼梯那儿,就不那么受冻了。一小杯潘趣酒有助您走入暖和的房间,之后用一顿简单的晚餐。"

在死亡边缘踟蹰的席勒太太三个月后康复了,但死神毕竟没有放过她的丈夫。席勒辞世前几个月,报上误刊了他的死讯,这是一则传言,也是一个不祥之兆。

1805年4月25日早上,席勒收到歌德寄来的一份草稿,同一日以及次日歌德都来坐了一会儿。30日晚上,他去看一出喜剧,经过歌德家时,"我发现他正准备去看戏，而我不想拦着他：一种不豫阻止我陪他一起走，我们就这样在他家门前分开了。"

戏散场了，他的身体急剧恶化，打寒战交替着发高烧，床搬到了书房里，不发烧时他仍在与时间拔河，写他的最后一部著作——*Demetrius*。

医师诊断他得了风湿性侧胸刺痛，根据今日的医学常识，应该是急性肺炎。获悉好友命在旦夕，素来与病痛和死亡保持安全间距的歌德每天骑马出城，他在一张给席勒太太的便条上写道："您倒是告诉我，亲爱的夫人，席勒怎么过的？我想自己过来，但一起受苦毫无助益。"来自朋友家的消息，他每每沉默以对，"命运严峻而人渺小！"

1805 年 5 月 9 日席勒与世长辞的同时，歌德本人正饱受肾绞痛之苦，没有人敢告诉他这个噩耗。隔天他觉得周围的人神色有异，这才问克莉丝雅娜：

"'不可能，席勒昨天病得很重？'他强调那个'很'，语气之重，她再也忍不住了，她没回答，只是大声啜泣。'他死了？'歌德坚定地问。'你自己不是已经说出来了！'她答道。'他死了'，歌德重复了一次，转过身去，用手捂着眼睛哭了起来，不发一语。"

歌德曾经想过代好友完成 *Demetrius*，"每家剧院同时上演这出戏，将是他为自己也为朋友所准备的最美好的葬礼。"这个计划没有成功。

在莫扎特《安魂曲》的乐音中，席勒安息于泥土中。歌德没有参加葬礼，文学知己弃他而去，他更寂寞了。

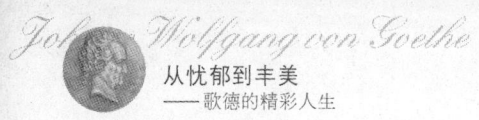

6 巅峰
《浮士德》

谈到《浮士德》这部巨著,没有人会否认它是歌德穷毕生之力的巅峰之作,一万二千一百一十一个诗句的长度连专家都叫苦连天。浮士德与魔鬼的交易人人朗朗上口,然而繁复的象征,欧洲中世纪晚期与古希腊文明的背景,将这出戏剧推向高难度的境地,复杂深奥的哲理又为它笼上一层浓雾。可以说,有志之士都不反对聊一下《浮士德》,感叹它伟大,但说一些具体的感受或心得,想不张口结舌也难。另一方面,寻章摘句细细爬梳或许难不倒训练有素的学者,一旦整体论之,却又显得浮浮沉沉,难免雾里看花。

《浮士德》问世至今已有二百多年,培养出一代又一代口是心非之士,夸夸其谈,浮士德上山,他们汗也不擦地尾随其后,浮士德下海,他们来不及脱下皮鞋就跳进水中。

"嘻,你没读过《浮士德》?"他们的表情鄙夷,声调轻蔑。"看不下去吗?"说这话的人摇身一变为慈善家,慷慨布施同情心。

歌德早就料到了,诚实的读者将被自以为聪明的家伙欺侮。有谁比他更有资格说《浮士德》有如天书?"如果还有许多问题,一一阐明绝不可能,但那个了解面部表情、暗示以及轻微预示的人应该会很高兴,甚至找到比我所给予的还要多的东西。"初稿完成后,歌德如此告诉他的建筑师朋友波依瑟瑞。他很明白,除非与这本书保持距离,视之为整体,又必须长期细心观赏,否则仅知其一,哪里能吹嘘读通了整本《浮士德》呢?至于那些翻了几页便有话要说之流,他听都不听。他确定这是一本未来之作。

这些话真使吾辈松了一口气,感谢歌德善体人意。

这本天书分为两部,历时六十年才完成。歌德致力于这本书的创作,最早可以追溯到1773年夏天,勾特在写给他的信上提到了"浮士德博士"。他写写停停,两年后带着这份草稿定居威玛,偶尔在文人聚会时朗诵几个段落,一位在宫中当差的女士向作者借阅,并且照着原稿抄了一遍。今天我们所说的《古本浮士德》(*Urfaust*),就是指这份幸而保存至今的手抄本,因为原作者的手稿已经遗失了。

1790年,葛玄出版社推出歌德的《文集》,其中第七卷《浮士德,一个残篇》(*Faust, ein Fragment*)第一次与读者见面,但歌德并未将之写完。1808年,寇塔重新出版歌德全集,第八卷《浮士德,一出悲剧》(*Faust, Eine Tragödie*)是将之前出版的残篇修订润饰后,才送进了印刷厂。

这以后,歌德又让我们等了很久,直到1831年8月,《浮士德Ⅱ》(*Faust* Ⅱ)终于完稿,但迟至诗人过世后的1832年,才由艾克曼(Johann Peter Eckermann, 1792—1854)与里曼整理,以"遗作"的方式出版,符合他未来之作的界定。

算起来,《浮士德》这本书从构思、纸上飞扬,到印刷成册,竟然耗费歌德六十年的生命。这一甲子不算蹉跎,让我们回顾他的创作历程:对学院派知识感到失望,极乐境界以及感情债,是青年歌德写作的初衷。到了盛年,希腊神话中美丽的女神海伦娜以及人类的形象引发他探索的兴致,这展现在第一部《浮士德》中与魔鬼梅菲斯托签下的协定和天堂序言之中。晚年,歌德心目中的浮士德是交易者、掌控一切的人,于是他借由这个角色来探讨创造的奥秘、原型,以及欧洲古代的传统节庆"女巫之夜"(4月30日,巫婆聚会狂欢的夜晚)。无论处于人生的哪一个阶段,这个素材都使他跃跃欲试,尝遍各种生活的滋味之后,要等到晚年才能淋漓尽致发挥一生积聚的力道与智慧,写出这本旷世巨著,正说明酝酿之必要。

浮士德并非歌德杜撰出来的人物,而是确有其人。乔治·浮士德(Georg Faust)大约生于1480年的南德地区,是个跑江湖之人,在五十多年的流浪岁月中,当过老师,懂得占星术,也会为人治病;与马丁·路德、帕拉塞尔苏斯(Paracelus, 1493—1541)同属一个时代。

马丁·路德家喻户晓,帕拉塞尔苏斯何许人也?他具有多重身份,既是医师、炼金术士、神秘主义者,也是哲学家。他神奇地治愈了许多人的疑难杂症,信奉中世纪晚期流传的生命准则:信仰之光与自然之光。他宣称在自然之光中看见上帝的第二个启示,并且认为人类在以感官和精神观察世界时,有能力理解这种天启。

早在浮士德本尊还在世时,关于他具备特异功能以及与魔鬼打交道的传说就已经甚嚣尘上。1587年,法兰克福的书商史毕司(Spies)出版了一本以浮士德的生平为蓝本,再综合各种怪力乱神的书,主角名为约翰·浮士德(Johann Faust)。作者意在警告读者不要奢望过多,天上飞的、地上爬的不必样样熟悉,只消满足于新教所传达的真理即可。

这本书大受欢迎,再版多次,有人献诗给主角,盛赞他的超能力。无论叫做约翰还是叫做乔治,总之,浮士德是一个上通鬼神的奇人。接下来,这则传说中又掺入了另一种色彩,帕拉塞尔苏斯致力于研发使垂危生命苏醒过来的方法,赶上这股风潮,浮士德的本事无限上纲,逐渐演变为一则传奇。

有人说他在莱比锡一家酒馆的地下室"骑"着一个酒桶扬长而去,又在埃尔福特(Erfurt)使酒从活动桌面流出来,当着学生的面把荷马请了出来……这一切皆因他如饥似渴追求知识而引起:他与魔鬼订下二十四年为期的契约,有时这个魔鬼是藏在炉子后的一个影子,有时候化身为一只毛茸茸的熊,适时助他心想事成,目标为把世间的知识一网打尽。这个目的达到之时,也就是他交出自己灵魂的时刻。随着帕拉塞尔苏斯的思想在16世纪末愈来愈受到重视,关于浮士德的话题也就跟着水涨船高。

第一本介绍浮士德的书1587年出版后译成了多国文字,在海外同样抢手;两年后费德曼(Georg Rudolf Widmann)加以改写,让情节更接近市井小民的生活。1674年,纽伦堡的一位医师费策(Nikolaus Pfitzer)以前两本书为基础,扩充了内容,但说教意味仍浓;这本书十分畅销。到了1725年又有新的版本,作者不详,这一次那位魔鬼有了名字:梅菲斯托。

第一本浮士德漂洋过海到英国,引起年轻的剧作家马洛(Christopher Marlowe, 1564—1593)的注意,把它改写为剧本。他的《浮士德博士》(*The Tragicall History of Dr. Faustus*)戏剧张力强,情节及人物都比之前的版本丰富得多。

歌德在写第一部《浮士德》时,从威玛图书馆借了费策写的书,而马洛的《浮士德博士》他当然也没有错过,1818年时读过。

浮士德的故事移民到英国后,以簇新的姿态重返原乡,成为巡回剧团的保留节目。正因为要加强它的可看性,不断有人为之加工增色;典型的外销转内销的例子。征服了大人之后,这出戏接着转变为老少咸宜的木偶戏,也就是歌德儿时喜欢的娱乐节目,他在自传中提到"重要的木偶戏故事",就是流行于坊间的浮士德传奇。

浮士德并非歌德首创，在他之前已有人在这个题材上着墨，与他同时期的文人也不愿错过表现的机会，狂飙时期的画家米勒（Friedrich Müller）曾经尝试把浮士德写成剧本，诗人克林格（Friedrich Maximilian Klinger, 1752—1831）则将之写成一本小说。但是，与歌德的《浮士德》放在一起，两本书立刻黯淡无光。只有在歌德的笔下，这则古老的寓言才蜕变为一首超越国界的诗歌，因为他在原始的架构上将主要内容提升至象征的境界，转化为表达他洞悉世界的元素。

歌德所塑造的浮士德，是一个集欲念与意志力、失误和罪愆于一身，游走于人性边缘的人，透过他，我们更能看清人的本性。他希望成为无所不知的知识分子，因为不知道要为自己设限，只好走旁门左道。当知识及诸神的召唤都让他失望时，他接受了梅菲斯托的建议，与他以及他昏暗不明的领域结盟。

梅菲斯托明明是个魔鬼，但歌德赋予他人的个性，他诙谐、机智又玩世不恭，十八般武艺样样通；唯一无法感受到的，是人存在的价值。所以，即使他能察觉到浮士德心中的渴求，却永远不明白所为何来。

苦思突破自我界限的浮士德，本来应该将自己的愿望升华至宗教似的虔诚，但不知节制者如他把高与低的境界混为一谈，反而在尘世中愈陷愈深。当他发觉葛蕾卿的爱是他走出内心困境的新路时，他与魔鬼已经焦不离孟、孟不离焦了，于是他的爱情走调为痛苦不堪的罪行。

第二部的浮士德致力于追求古希腊的美女海伦娜，但他再一次因要求太多而失败。最后他争取统治与权力，却因需要梅菲斯托协助而显得缺乏意义。

所有浮士德着手进行的事情，梅菲斯托都有办法将之变质为恶意。譬如第一部中，他想给葛蕾卿的母亲安眠饮料，老人家收到的却是致死的毒药；与葛蕾卿的哥哥争执时，梅菲斯托杀死了他。第二部中，他想送两位老人一块较肥沃的土地，梅菲斯托却连人带房子一把火烧掉了。

每当浮士德犯错，眼看着梅菲斯托即将胜利之时，总会出现一个转折。譬如梅菲斯托希望立约让浮士德享尽世间乐事，但他打赌自己始终是一个追求精神层次的人；梅菲斯托想引他进入纯感官世界，他那厢领略到的却是爱情；梅菲斯托希望海伦娜的种种是一场幻觉，却成为浮士德心中富有创意的经历；梅菲斯托有意把他捏塑成暴君，浮士德却萌生出高贵的政治目标……魔鬼从头到尾都不曾大获全胜。

这是一场关于力量与反作用力的游戏，宗教的谦逊态度与文艺复兴时代

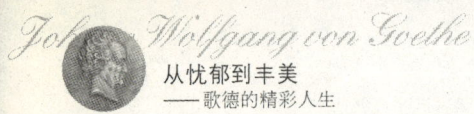

从忧郁到丰美
——歌德的精彩人生

倡导的个人主义在此引发冲突不断。浮士德要走一条贯穿世界的道路，以便满足他的渴念，梅菲斯托带领他进入他所寻找的世界，因为他相信唯有如此才能得到他所要的：浮士德的灵魂。

葛蕾卿手刃亲生子后被处死，海伦娜于儿子坠落身亡后消失，天庭、帝国海滩……没有人为他而生，浮士德惊觉自己寂寞非常。他高估了自己的能力，不曾学会放弃，他只想到自己，永远都学不会静静地崇拜神圣。他死了，灵魂能否获正义力量拯救，被带往天国，我们不得而知；确定的是，梅菲斯托仍旧输掉了这场赌局。

研读《浮士德》，有人参悟出《易经》的阴阳论，有人援引尼采"上帝已死"之说，有人套用佛教理论，叔本华与康德的哲理更是不可少的证词……既然歌德不理会众傅咻咻，我们何不用一生的时光与耐力，细细品味这本天书呢？

星月辉映

Johann Wolfgang von Goethe

1　歌德的中国情结与情怀

1796年，威玛的社交圈出现了一位年轻人，他叫吉恩·保罗（Jean Paul），这家伙大概真的有点儿倨傲，不怎么受人欢迎，连一向大度的歌德都不欣赏他的自以为是，赋诗一首声讨。真不凑巧，歌德选了中国当箭靶子，管这首诗叫《一个中国人在罗马》：

我在罗马看到一个中国人；所有的建筑
旧的或新的对他而言都嫌累赘又笨重。啊！他叹了口气，这些可怜人！
我希望，他们应该懂得
如何把小木头柱子安在帐篷的顶端，
在木条和厚纸板，碎片与镀金上
只为了让有学问的眼睛乐享精致。
瞧，我相信，在这幅画里看到了梦想家
一位在雄浑的山水中不断地把地毯
与他逗人的编织物拿来比较的人，把真正健康的人视为
病患，却只有他这个病号才配称做健康。

歌德不但把这首游戏之作交与席勒创办的《缪斯年鉴》发表，还在写给麦耶的信上大咧咧地说："我们在席勒的《缪斯年鉴》上登了一篇向那个民

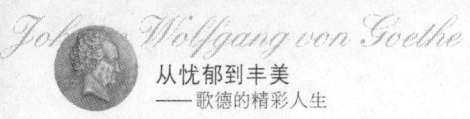

从忧郁到丰美
——歌德的精彩人生

族挑战的宣言，措辞鲜明且泼辣，这样每个人才会注意到这文章。……如果大家把他投注在那个民族上的心力用来深造、改善自己，让才情得以发挥，那么这首诗足以表达对那个二半吊子民族的所有厌恶。"

中国为什么遭受诗人如此无情的挞伐？

18 世纪末，大清武功盖世的锋芒渐收，乾隆几度下江南的风流韵事盛传在民间，天下承平。地球另一端的欧洲，洛可可主导了建筑绘画的风格，文学方面则吹起浪漫主义风潮，中国茶、瓷器、丝绸和园艺的细腻精美，恰与当时欧洲上流社会盛行的浮华纤巧不谋而合，大受欢迎。歌德的父亲也不免俗地收藏了一张中国地毯和一个镜框。

歌德暂停莱比锡大学课程，回到法兰克福家中静养期间，父亲有一天心血来潮，打算重新布置家中的摆设，"我尽可能礼貌性地赞美我们房子的优点，想借此告诉他更改楼梯的位置，他怒不可遏，比我最近批评一个旋涡形镜框和一张绝对是中国产品的地毯时还要生气。"

正牌医师无法减轻歌德的病痛，母亲瞒着固执的丈夫，悄悄寻访偏方。一位神似五代炼丹方士的郎中悄悄走进鹿壕，为他熬煮一种"中国树皮"，希望能带给他一线生机。

恢复健康之后，歌德负笈施特拉斯堡继续学业，因缘际会读了比利时传教士诺尔（Noel）翻译成拉丁文的六经，日记里发出咏叹："哦，文王！"

虽然如此，六经不尝改变诗人对中国的既有的偏见，多年后他到意大利旅行，在拿波里岛上的一间博物馆里看到两盒丹青，《箴言与内省》（*Maximen und Reflexionen*）一书中记载了他的印象："中国、印度和埃及的古物往往俱是奇珍异玩，仅供人爱赏，以其精巧而闻名于世，对我们而言，民俗和美学方面的进益却嫌不足。"仍然没说好话。倒是日后朋友从哥本哈根带回来送给他的丹青承他青眼，"那美丽的红黄色让我忆起遥远缤纷的两绺丝线，浓淡有致，对比鲜明，铺展在上好的纸上。"

至此，歌德对中国和中国文物始终若即若离，贬多于褒，止于远观。这种情形得等到诗人盛年以后才有所改观。1798 年，他在信中极力向席勒推荐一本集子，"寄上先前提过的哲学谈话，如果那个中国人把滚烫的锅子丢向他的反对者，并且说：'对，这是我铸打的，拿去用吧！'我真想知道，那位传教士该怎么回答。这段绝妙的哲学谈话出自法兰斯契（Erasmus Francisci，1627—1694）编纂的一本书，有改写过的故事，艺术与风俗介绍，一本荒诞的书，但是有些东西对我们还真有用。"

元朝开始，外国传教士锲而不舍争取到去中国传讲基督教义的机会，神秘的东方古国面纱半掩,传教士在开放的几个港口城市完成任务,期满回到自己的国度后,往往津津乐道自己在中国的所见所闻,不但提笔撰述,有志者更进行典籍或小说话本的翻译工程。他们经水路或丝路来中国时,携来西洋玩意儿,归乡时也在行箧里装了些纪念品,东西文化和产物的交流于焉开始。

《少年维特的烦恼》让歌德声名大噪,同时饱受卫道人士的攻讦,他深恐《维特》是他唯一的杰作,极力想摆脱惨绿少年的形象。到威玛公国展开政治生涯后,并未荒疏写作,行有余力,致力于自然科学方面的研究,并敦促公爵成立公共图书馆,而他自己也成为图书馆的常客。他的借书记录洋洋大观,现在仍保存在威玛的图书馆,又经后人整理印行,是后世重要的研究资料。

1813年,威玛公国的图书馆新添了一批介绍中国和直接译自中文的书,也许是时机对了,或仅仅出于好奇,六十四岁的歌德转向中国的天地寻幽访胜。这一年他从威玛图书馆借出九本与中国相关的书,除著名的《马可·波罗游记》之外,其余皆为传教士的杂记,包括《诗经》、唐诗及四书的译介,稍微浏览了中国风土民情、建筑、文学艺术等等。这些书大部分以拉丁文书写而成,另外有一些英、法的商贾或外交官的回忆录。

"这段时间我从事了点儿活动,不该称它为工作,就说是消遣好了,值得一提者,我用功研读了中国及其相关的书。我仿佛遁形在这个举足轻重的国度里,并获得平衡,依照目前的局势来看,如果发生不测,我好有个地方可逃逸。能够在一个全新的情境埋头沉思,实在有益健康。"他在信纸上愉快地告诉克内贝尔。

威玛安娜-阿玛丽亚图书馆

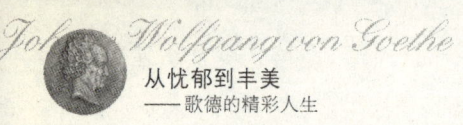

从忧郁到丰美
——歌德的精彩人生

　　五年之间，歌德陆续看过的小说计有《今古奇观》、《玉娇梨》、《好逑传》等，戏曲类有《老生儿》、《赵氏孤儿》，汉学家克拉波罗特（Julius Klaproth, 1783—1835）所著中国语言文字之书，也在借阅之列。

　　过几年克拉波罗特迢迢到达人文荟萃的威玛，歌德称他是"道地的中国人"，亲自向他讨教。传闻歌德曾向公爵的女儿描摹两个方块字；也住在威玛的格林兄弟，彼此通信时，转述歌德在一个文艺沙龙上朗读《好逑传》片段，并赞美书中人物守节不易的一幕。

　　根据歌德与晚年的秘书艾克曼的一段对话，我们得知他二读《好逑传》，艾克曼问他中国小说是否非常陌生。

　　"不若我们想象的那样，中国人想的、所作所为和感受，几乎和我们一样，你会觉得很相似，但他们比较明确、纯洁而且淳厚。在他们那儿一切人和事物都清清楚楚、较为家常，情感并不澎湃，亦少炽热的诗情，以这点而论，跟我的《赫曼与多洛缇亚》有相似之处。中国的山水与人物能相容相安，你听得到金鱼在池塘中摆尾，鸟儿枝头啁啾，白昼总是明朗，夜空粲粲；月亮很重要，但不影响风景的格局，月光如白天一样耀眼。屋子里的布置可爱小巧如画……"

　　莫非《好逑传》是他最喜爱的作品之一？"绝不，"他回答，"当我们的祖先还在森林里求生存的时候，中国人已经活了几千年，他们有他们的风格。"话锋一转，歌德发表他对"世界文学"的看法："如果我们德国人不从自己的周遭探出头去，势必倾向守旧与自负，所以，我喜欢读外国的作品，也劝别人多看些。民族文学已经过时了，现在正是世界文学的时代，每个人都应该努力，为这个时代的来临加把劲儿。"

　　可见，诗人的确"在一个全新的情境埋头沉思"，提醒有志者超越国家民族的界线和局限，胸襟与视野皆辽阔。

　　从此，假山假水堆砌出来的亭台楼阁，精致玲珑的物件，不再是歌德唯一的中国印象。所接触过的中国书籍，除了六经和《今古奇观》之外，均非上乘之选，何况译笔不一定高明，章节随译者的好恶任意删减；断简残篇很难找出原著逐句对照，有些更因几经转译而无法辨识原出处，欲窥全貌十分困难。然而，歌德拥有的文学素养毕竟丰厚，二流的作品，拙劣的翻译，经他慧眼，却有登庙堂的升华作用。

　　他曾尝试把四首英译唐诗改写成德文，失宠的梅妃婉拒一斛明珠那一首，旧迹依稀可寻。根据毕德曼（Woldemar von Biedermann, 1817—1903）考证，《埃尔彭罗》（*Elpenor*）的灵感源于《赵氏孤儿》，几本中文小说的影子反射在《威廉大师的流浪年代》穿插的短篇故事中,如《五十岁的男人》(Der Mann von funfzig Jahren)悉心追求驻颜术的上校,《谁告密?》(Wer ist der Verräter?)干脆安排一位隐居的神秘中国老人,《教育省》(Die pädagogische Provinz)铺陈的教育理想,神似《礼记》中的《学记》、《中德的季节与辰光》(Chinesisch–deutsche Jahre–und Tageszeiten)十四首联诗的开首,则直接以中国人为倾吐的对象,《浮士德》中亦有蛛丝马迹,以波斯人文为主的《西—东诗集》(West–östlicher Divan)中,潜藏不少老庄思想。

我们并不想给歌德戴一顶帽子,寻章摘句硬安上中国的色彩,也无意在歌德的盛名上锦上添花,因为诗人的成就已定于一尊。歌德对中国由排拒到亲炙,从读六经推算起,至1832年诗人辞世,达半世纪之久,可谓漫漫长路,过程艰险,中国痕迹只是他浩繁文学瑰宝中的沧海一粟罢了。身为中国读者,我们欣见他伸过来的手,更乐于推崇他执著认真的治学态度,以及勇于尝试的精神,因为,这才是这条荒径愈走愈豁然开朗的关键。

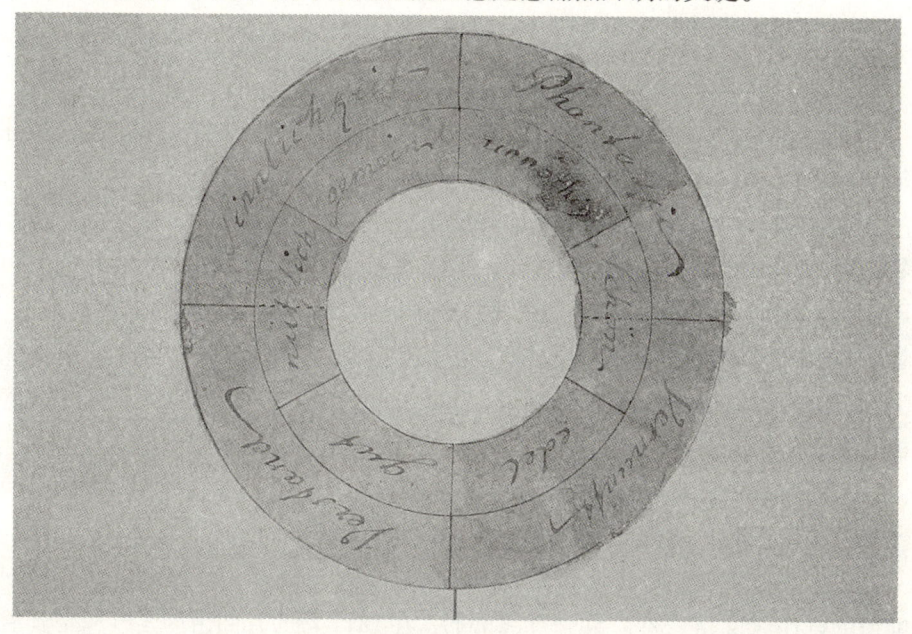

歌德手绘的八色图

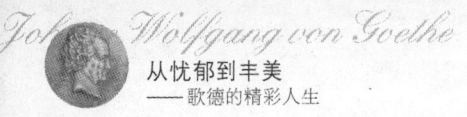

从忧郁到丰美
——歌德的精彩人生

2 歌德与贝多芬

你知道在许多领域占有一席之地的歌德与音乐的渊源吗？你知道贝多芬从小就是歌德迷，觐觎往会的曲折吗？

歌德念念不忘小时候父亲带他和妹妹去听莫扎特弹钢琴，神童在舞台上戴的假发以及腰间佩挂的剑，一直留在他的记忆深处。策尔特（Carl Friedrich Zelter, 1758—1832）是歌德老年时的挚友，他们频繁的信件往来中，音乐是主要的话题，他的学生——十七岁就把莎翁的《仲夏夜之梦》谱上优美音符的门德尔松（Felix Mendelssohn Bartholdy, 1809—1847）——更是歌德极其喜爱的小朋友。

正因为策尔特对贝多芬的天才"于震惊之余方能赞赏"，而歌德对他的鉴赏力深信不疑，使得贝多芬始终绕室徘徊，无枝可栖。

贝多芬打从孩提时代就仰慕歌德的赫赫文名与政声，怀着虔敬的心情把歌德的剧作《艾格蒙特》移到五线谱上，在1811年5月间由朋友专程带到威玛献给歌德。

此时，歌德的忘年之交、文坛才女布伦塔诺（Bettina Brentano, 1785—1859）在信上进行游说，毫不保留她对这位奇才的欣赏："他为《艾格蒙特》作的序曲实在美妙极了……——我知道所有的人都设法与你建立关系，希望认识你，每个人也都在向你证明他的敬意。他们的胸臆空芜，因景仰而漫走四方，频频呼唤着你的名字。——我当然无意诋毁你的朋友（指策尔特嫌贝多芬骨架粗壮、不修边幅），但贝多芬可不像那些人！他浑然天成，而你是唯一能带给他幸运的人，他用天籁诠释你的作品，是你心灵美的证人。"

乐圣在随《艾格蒙特》所附的信上写道："我由衷期待获悉您对我的音乐的评价，您的责全对我个人以及创作都有所助益，我将视其为最大的赞美。"

两个月之后，贝多芬接到歌德的回信。"每当我聆听技巧精湛的专业或业余的音乐家弹奏您的作品时，无不希望哪一天能亲眼目睹您坐在钢琴前，我好瞻仰您的风采。"

周遭有不少人跟歌德提起贝多芬的才情，他正考虑是年冬天在剧场推出这个曲目，"您什么时候能来一趟威玛？宫廷和所有的乐迷都聚集此地的时候再合适不过了。您当然会受到礼遇，没有比承受了您如许多盛情美意的我更盼望与您交换理念，并正式致上谢忱的了。"

同年夏天，歌德受奥地利女王（Maria Ludovia）之邀，前往特普利兹（Teplitz）。7月19日，两颗光芒万丈的彗星初次见面，并于第二天晚间共赴柏林。第三天晚上歌德登门造访，日记里留下赞叹贝多芬弹琴技巧的话语。歌德虽然与贝多芬只有短暂的接触，却能沙中淘金，他告诉妻子："总而言之，我从未看过活力如此充沛又有深度的艺术家，我于是终于明白他为什么要和世界鲜明对立。"

策尔特这个人不容我们忽视，因为他不喜欢贝多芬。也许是同行相妒，或许他的疑点以贝多芬日益严重的耳疾为准；一个靠演奏及作曲为生的人，还有什么比失去听觉更让人对他丧失信心？何况贝多芬衣着邋遢，言辞尖刻，连关心他的朋友都不得不躲着他。等到歌德提起笔来向策尔特叙述这段相遇时，口气明显保留得多："我在特普利兹认识了贝多芬，他的才华令我倾倒，可惜他是个不羁的人，如果他憎恨这个世界的话，倒也无可厚非；但这样既不讨人喜欢，也让人觉得不愉快。"

十一年之后，贝多芬鼓起勇气写信给歌德，"若我谱的曲调与您描绘人生真实面的诗意和谐一致的话，我将满心欢喜。我一直热爱真相，从不因认清实情而心中生恨。……如今我不孤单，六年以来我当我死去的哥哥孩子的爸爸，他是个充满希望的十六岁的少年，用功读书，悠游在希腊文化遗产的影子之下，这个国度的花费庞大。对一个潜心向学的年轻人而言，固然要考量当下，未来也同样重要。所以，我不能只向上看，也必须把眼光朝下——我的收入就是没有收入——我的痼疾不容许我到处表演，而且根本无法从事任何赚钱的活动。……若能收到您的只字片语将使我心满意足。"

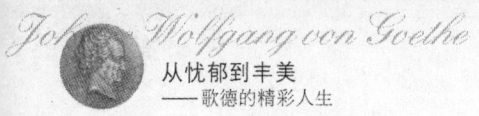

从忧郁到丰美
—— 歌德的精彩人生

这样一封穷愁求告的信,歌德读了焉能不动容?几句好评,贝多芬的音乐生涯或有回春的可能;接济苦哈哈的后辈,在他是寻常小事罢了。他的内心挣扎着。门德尔松回忆歌德当时的反应,"他一点儿都不想了解贝多芬这个人,我说我其实帮不上忙,弹着C小调(第五交响曲)中的一段。说也奇怪,这竟使他安静下来了,他说:'这乐章并不令人激动,只让人感到惊愕,简直壮丽非常!'然后他沉思片刻,好一会儿又说:'太伟大了,了不起!我甚至担心房子会塌下来。'"

然而歌德不曾回信。

一场春天的暴风雨中,郁郁的贝多芬离开了这磨难沧桑的世界。

歌德没有帮助贫病交加的贝多芬,后人多所抱憾。夜空斑斓难免有被遗漏的星子,躲在昏暗的角落独自凄凉。贝多芬当然不是等闲之辈,歌德惊鸿一瞥后,受到的激荡久久回响,意识到自己对乐理一无所知的缺憾,从此发奋自修;一篇关于小调理论的文章,有专家的精雅。他作诗填词时特别重视格律,字里行间自然流露声韵之美,因此受到作曲家的青睐,除了《浮士德》被华格纳、舒曼、李斯特以各种情态表现之外,几乎所有的抒情诗皆可朗朗诵唱,其中著名的《山巅上》(über allen Gipfeln)至少有七十种不同的唱法。

彗星相遇,撞击出的火花灼痛了贝多芬,生命的悲剧张力与强度因而完整;另一方面,火花把歌德的人生路照得更加明亮,提醒他另辟蹊径之必要。

3 歌德与拿破仑

属于拿破仑帝国的大西洋海岸线和港湾都勘察过一遍了,想要越过英伦海峡的诱惑如此之大,他却仍在犹豫着;天边的晚霞红醉如血,缓步的坐骑缰绳蓦地一收,沉思中遽然昂首的皇帝轻轻踢一下儿马的腹部,扬起一阵灰尘。

拿破仑接见外国使节的场面

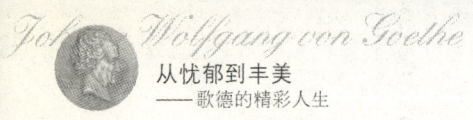

从忧郁到丰美
—— 歌德的精彩人生

目标非洲大陆，远征埃及！

他像一块"花岗岩"，横过叙利亚滚烫的沙漠，这一仗美好而漂亮。

金字塔前，耀眼的阳光洒在他的斗篷上，自少及长，全世界的能量激烈动荡，成就了他的雄心壮志。二十七岁那年，来自科西嘉岛的青年军官一跃而为欧洲的统治者。他径自取下教皇手上的皇冠——观礼的人屏住呼吸，出于惊愕——为自己加冕；他知道向前滚动的光芒的重要。

光芒疾疾飞驰，马赛港的初恋被淡忘了。

千军万马扎营的荒地，沙丘的魅影幽幽，困乏的士卒都睡下了，战鼓仍留在耳际，俄罗斯平原的雪光在眸子里闪烁。帐篷内一盏微弱的油灯，轻轻翻过花体字的扉页，倦了，站起来揉揉眼睛，舒展一下身躯，沙漠的风凄凄呜咽，他背着手悄悄走入苍茫的夜空。

白日的硝烟归于沉静，佩剑收在鞘里，星斗暂且取代了盖世的荣光。

我觉得好极了，在这个天堂也似的地方，寂寞像一帖可口的香膏，青春般的季节以无比的丰沛温润了我经常悸动的心灵。

初抵小镇的维特说。

那本小书，少年维特徘徊在逼仄的宿命巷弄的愁与烦，牵引着拿破仑心中那根轻易拨弄不到的弦；戎马倥偬之际，最能拂去他肩上的征尘与心中的沧桑。

"拿破仑的不凡之处在于他时时保持真我……无论太平或战乱，天才处世的艺术都不改其衷，坐在钢琴前的泰然自若较之立于大炮之后无分轩轾。……歌德愉快促狭地接着说：'不得了！拿破仑的战地图书馆有一本什么样的书？——我的《维特》。'

'他熟读这本书，'我（艾克曼）说，'他在埃尔福特接见您的时候就已经尽人皆知了嘛——'

'他对这本书熟悉的程度和一位刑事法官仔细阅读所有的档案差不多。'歌德说，'而且，他也曾经以同样的态度和我讨论这本书。'"

《少年维特的烦恼》吹起文学史上的狂飙时代，那一年歌德年方二十六，一年后转战威玛公国，致力于公务，情系已婚的冯·史丹夫人十年之久；与克莉丝雅娜的关系一再让人议论纷纷，"花园里　盛开着　情人芬芳的心思"，一生情海频掀狂涛。

曾经灼痛的痴情，诗人一笑置之。拿破仑无视众傅咻咻，勇敢地把后冠戴在约瑟芬的头上，镶珠嵌翠的金冠后来换到沙皇公主的发上。

你满怀希望走出去，想为你的女王采花——在冬天——你悲伤，因为一无所获，况且你不明白，为什么找不到花儿。而我——我不抱持希望，没有目标地走出门，再走回家，一如我最初来的样子。——

维特喟叹着。

拿破仑前后把《维特》看了七次，这些文句为他添了多少惆怅？

挟着刚刚打下西班牙的气势，锐不可当的拿破仑在埃尔福特与俄国沙皇亚历山大一世会盟，并召集莱茵联盟的诸侯。歌德以威玛公爵大臣的身份同往觐见。

"我没能赶上看戏，之后一切都合拍子。皇帝让我们苦候多时，却开恩地与我谈了许多话。"

"他对我有一种特别的信赖，如果允许我用勉强说得通，又能达意的词儿来形容的话，我想我的本质与他相当。"

一位是军事天才，正当不惑的盛年，鏖战沙场，无法忘情《维特》；一位是文学天才，浪漫的情事不断。这场相逢，可谓文人史笔所乐于讴歌的盛事。今夕只谈风月，英雄所见略同？歌德迟至十六年后，才在米勒首相的催促下，记下当时的谈话记录。

时间是1808年10月2日，拿破仑正在吃早餐，他招手示意歌德上前，细细端详之后，说："您是个男子汉。"问起诗人的年龄，并夸他保持得很好。

聊了一下伏尔泰的作品之后，拿破仑谈起他一而再，再而三看过的《维特》。书中某些细节，他描绘起来竟非常正确，并有独到的见解。

作家欣喜地听着，用开心的微笑代替回答，稍微解释了一下自己写作的态度。皇帝似乎很满意，于是回头谈戏剧。

这时一位高大的元帅走进来，报告波兰的一些情势。歌德陷入今非昔比的情绪中，追忆以前挂在这间大厅墙上的画。军情报告完毕时，拿破仑站起来走向他，对他做了一个差不多像军礼的动作。

"此刻，他背向其他人，温和地问我，我是否已成家，有没有小孩？还有什么个人喜好没有？也问了我和公爵家的关系，问到公爵母亲安娜－阿玛丽亚，公爵本人，和其他的人。我一一从容回答。他看起来心情不错，并把我们说的话翻译成法语，但比我原来的语意要明快得多。

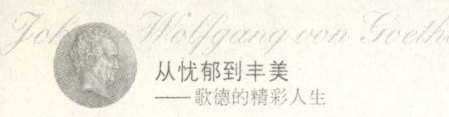

从忧郁到丰美
——歌德的精彩人生

我觉得在整个谈话过程中,他的遣词造句褒扬我的居多,这令我十分惊讶;他倾听时,无论若有所思地点头,只说'是'、'对'或诸如此类的话,表情都挺生动。我也没有忘记,他在说话时,习惯性地穿插:

'歌德先生这么认为。'

我趁这个机会问这屋子里的侍卫,我是否可以退下?他答好,于是,我未告辞即离开了。"

根据当年也列席的米勒首相(Friedrich von Müller, 1779—1849)的记载,拿破仑曾力邀歌德去巴黎,因为他认为诗人在花都必定可以寻找到丰富的诗歌素材;歌德一生足履意大利两次,也三赴瑞士,巴黎虽心向往之,却始终缘悭一面。这场名义上的君臣对话,拿破仑当着满朝文武的面说起德国话来;歌德的法语娴熟,横扫欧洲的皇帝却放下身段,并且自动担任口译员,这份心意歌德明白。

歌德十分钟爱拿破仑授予他的一枚荣誉军团十字勋章,即使拿氏战败被放逐到圣海伦岛上,乃至抑郁以终,仍然佩带那枚已经失去意义的勋章。

到了晚年,私人秘书艾克曼问他对拿破仑的印象,他答道:"他的样子,""你看到他,他的那种神态;这就是他。"有一次他说拿破仑"是个真正的人物",艾克曼抗议这只适用于拿氏风光的那几年;垂垂老矣的大文豪忽然激动起来,说:"你们到底要什么!我的情诗与我的《维特》也不会写第二遍的。"

"拿破仑统治世界的原则其实和他管理剧院的方法差不多",文人之笔与军人的剑,何者挥洒较多?英雄的定义不仅限于在战场上出生入死,叱咤风云的英雄当然迷人,落难书生也能打动佳人,歌德笔耕时要克服的困难,其实不亚于拿破仑在战场上的大起大落。

难怪歌德认为各行各业

沉浸于书海的歌德

都可能产生人中之龙,"有人说对于一个仆役而言,没有所谓的英雄,那是因为只有英雄才识得英雄。仆人应该也有在同行中分辨高下的慧眼。"

两位天才交谈的主题,无非是对创造力的坚持,以及对自己才情的信仰,而他们的确在有涯的生命当中,开拓了辽阔的格局,战果辉煌。对话简洁矜持,却言有尽而意无穷,除了暗暗较量之外,英雄互惜的情味隐约可寻。

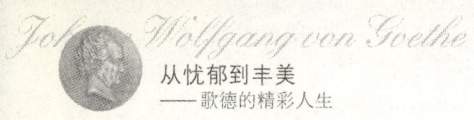

4　晚春
1808—1832

留下回忆

1809年10月1日，歌德首度在日记上提及写自传的想法。

传记在19世纪是一种相当普遍的文体，通常是作家过世后由某一位故旧执笔，把一生中的大事交代一遍，附上著作的书名，再从文稿中摘出一些佳言警句、自我评价以及他人言不及义的赞美等等。

这种流于形式的写法毫无美感可言，除了数据资料之外，少见精雕细琢的匠心。已届耳顺之年的歌德意识到自己将成为历史，与其让别人依样画葫芦，宁可自己写，留下富含艺术手法的生命轨迹。

歌德住宅的后景

1811年，他终于动笔了，为了要充分认识所处的时代，尤其是儿时的点

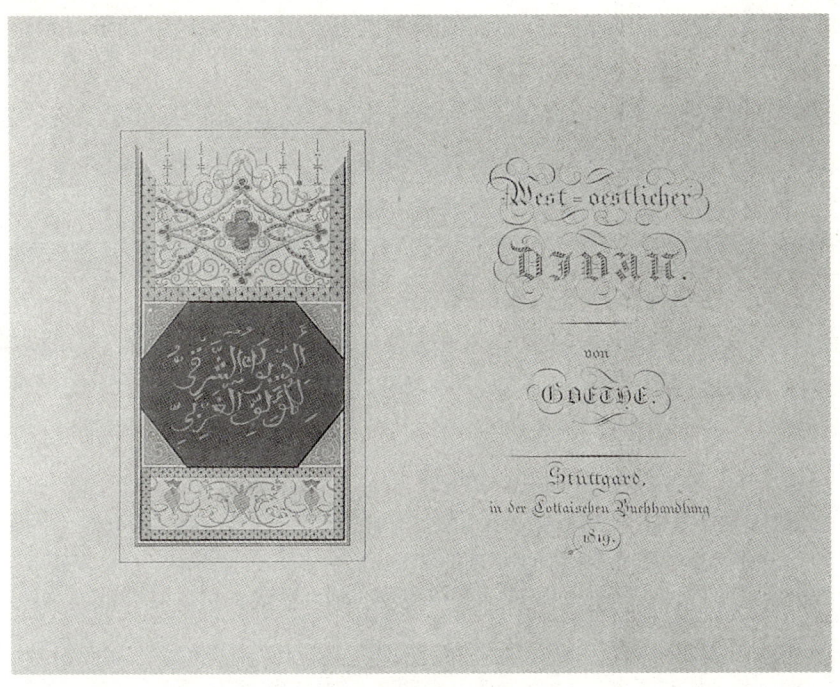

《西—东诗集》初版封面

点滴滴,他从图书馆借出不少书,好整以暇重温自少及长的时光。

写作很顺利,秋天时《诗与真实》一至五卷付梓,隔年又出了五卷,1814 年写完第十五卷之后暂停,因为他在倾全力撰写《西—东诗集》。

这部一反坊间平铺直叙、交差了事的自传异军突起,被誉为"沙漠里的一朵花",大受读者欢迎。作者下的工夫得到热烈的回响:涉及人文地理的,一一考证过;描绘个人心路历程时,有情节、对话以及蓦然回首的幽幽情感,可谓创举。

《诗与真实》共计二十卷,留下从童年到赴威玛前夕的回忆,1832 年 10 月出版。歌德的自传只记录了不及三分之二的人生,在威玛度过的前十年空白一片,之后的则以单篇呈现,作为补缀。

惊人的创作力

1823 年冬天,自知来日不多的歌德有了出版最后一次自己经手的全集的想法,波依瑟瑞获选为经纪人,儿子奥古斯特负责与寇塔出版社联络。1826 年 3 月后终于签订合约,他领到分八期支付的天价稿酬:六万塔勒银币。

这儿要谈一谈歌德的财力。威玛公国一开始付给歌德的年薪是一千二百

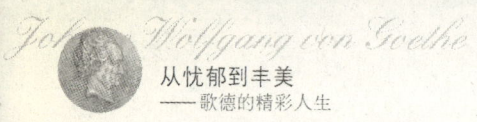

从忧郁到丰美
——歌德的精彩人生

塔勒银币,后来加到一千八,到了他升上国务部长的1820年,年薪三级跳,加到三千一百塔勒,堪称金字塔的顶端。

歌德有好几栋房子,穿着考究,无酒不欢,大部分的人在漫漫冬日为庞大的暖气与照明费用所累时,他家处处温暖,灯火通明。他如何维持食不厌精,不断充实收藏品,年年出门旅行的生活?

首先是靠父亲留下的丰厚家产,其次靠大笔稿费与版税。《维特》与《格茨》两本畅销暨长销书盗版猖獗,除了预付的稿费之外,一个子儿都没拿到;1806—1808年出版的十二卷《文集》为他赚进一万塔勒,单单以增订的第十三卷《亲和力》(Die Wahlverwandschaft) 而言,又多了两千塔勒进账。自从1795年把《文集》交给葛玄出版以来,这位叫好又叫座的作家换过好几个东家,一生累积的稿费和版税高达十三万零八百三十九塔勒。

这到底是多少钱呢?根据1976年《新评论》(Neue Rundschau) 的报道,一塔勒在当年可换算为三十马克;到了1983年,一塔勒约等于四十马克。在正式使用欧元之前,一马克大约可兑换台币十五、十八元不等。

在我们把塔勒换算成新台币之时,别忘了还要将二百多年以来消费指数以及通货膨胀等考虑进去。

不但在政坛上平步青云,在文学市场上,歌德也是罕见的高所得作家,际遇和才华都令人艳羡。他当然不必撙节开支,搜购画作、钱币、铜版蚀刻画、矿物或石版画时,简直不必看标价。他的书房及工作室非但小,而且朴素非常,他喜欢告诉别人他过得多么随意。"您看这个房间和隔壁那间,您从开着的门可以看到我的床铺,(房间和床)都不大,使用却多,书、草稿及艺术品使它们变得狭窄,但够我用,整个冬天我都住在里面,差不多没踏进前面那个房间过。"置身于一间华丽的屋子里,他"立刻会变得懒散、无所事事"。艾克曼在他著名的《歌德对话录》(Gespäche mit Goethe in den letzten Jahren seines Lebens) 中为我们解了惑。

他曾经告诉艾克曼,"每一句我说的谐语,都花掉我一整袋金子",而经验是花钱取得的,所以一定要拥有足够的财富。

这务实的个性也反映在他放弃法兰克福的公民权上。事情发生在1817年,维也纳会议之后他要缴的税大幅提高,于是他着手申请除籍。一切照章行事,有关当局受理了他的申请,也批准了。老乡们十分受伤,迟迟不肯颁赠他荣誉市民的头衔,到了1829年,这位法兰克福之子很想获得这份荣耀,但核定的过程缓慢得叫人生气,终究没有如愿。

1827—1831年,由歌德亲自审稿修订出版的《最后一版》(Ausgabe letz-

ter Hand）计四十卷，身后又以遗作的方式出版了二十卷。他仍然活力充沛，《诗与真实》、《威廉大师的流浪年代》等皆以口述、秘书记下再整理的方式完成。且看他的私人秘书舒夏德（Johann Christian Schuchardt）如何形容他乱中有序的清晰思路：

"他（口述时）十分有把握，流利，就像有些人念一本印好的书那样。

如果很安静，不受外在干扰和打断的话，我几乎不会被注意到。但这期间刮胡子的师傅、理发师（歌德每两天烫一次头发，每天修剪）、图书馆的人……图书馆顾问克罗特（Kräuter）、文书来了，所有允许不必通报的人随时都可能进来。仆人通报有陌生人来访，若要接待，歌德便与他谈话，时间或长或短；这当儿那位家人也走了进来。刮胡子师傅和理发师聊一下城里的风雨，图书馆的人说一点儿图书馆的事等等。就像有人敲门时响起的请进那样

歌德在书房里口述的情景

歌德孙儿的墓

洪亮，我结束了最后一个句子，等待着，直到在场的人离去为止。然后我重复说了又说，仿佛上下文的关联对我很重要似的，口述进行到下一个干扰来临，好像什么也没发生。我觉得这太厉害了，房间里四下看看，是不是哪个地方放了一本书、一份草稿或大纲，歌德可以暂时看一眼之类的东西（口述中他不停地绕着桌子和写字的人走来走去），但我从来

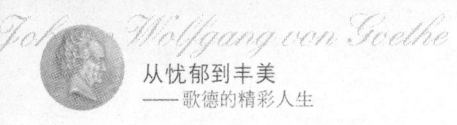

就没能找出任何蛛丝马迹。"

家居生活

歌德唯一存活下来的孩子奥古斯特先后在海德堡、耶拿大学修习法律，毕业后通过国家考试，在威玛议院担任陪审推事，1815年当上议员，在建筑管理处工作之余，也是父亲的助手。

奥古斯特勤恳地守着这份有保障的中等职位，虽然他手腕灵活，但作为歌德的儿子，父亲的光环是他心上挥之不去的阴影。不主动争取什么是他的对策，他因此从未主动成为什么，过着遗老似的日子。坐享其成想必是他恐惧的源头，逆来顺受也可能是他一生无奈的写照，从他喜欢喝酒，而且喝得不少可见一斑。

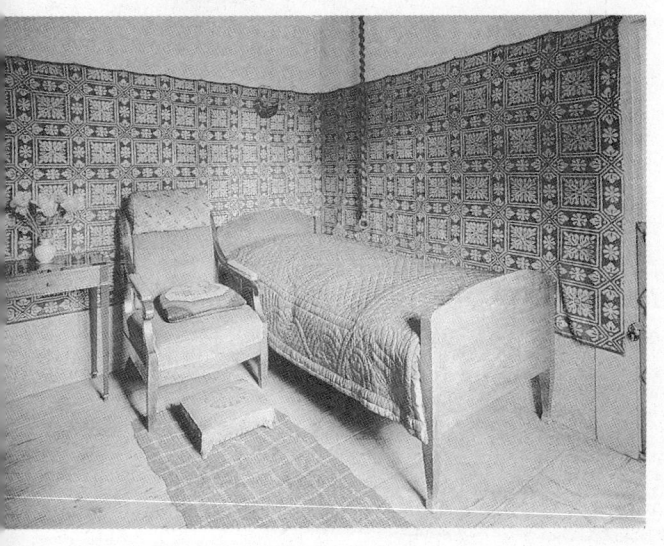

歌德在这个简朴的卧室内过世

二十三岁那年，他对一位在宫中当差的普鲁士姑娘奥缇莉亚（Ottilie v. Pogwisch，1796—1872）有好感，但对方没有回应。

努力了四年，奥古斯特下的工夫终于赢得美人归，两人于1817年7月结婚。嫁入国务部长家，做歌德的媳妇的想法颇令新娘子心动，所以接受了身形微胖、慢悠悠，看不出强烈好恶的奥古斯特。

歌德把顶楼布置成小两口的新房，家中多了一个新成员，这位具有艺术性情的媳妇崇拜他也敬爱他，他十分高兴。

奥古斯特和奥缇莉亚育有两男一女，但他们的父母亲却不太和睦，时时处于风暴中。奥缇莉亚活泼外向，不满于现状，公婆的情事与婚事曾经是威玛人不可少的开胃菜，现在，她与别的男人过从甚密也提供了不少饶舌的素材。

"即使不相爱，他俩也合得来"，这是婚后一年歌德对儿子与媳妇的婚姻的看法。两人怒目相向时，歌德锁上房门，来个眼不见为净。

1830年5月，奥古斯特步其父后尘，满心期待展开一场意大利之旅，希望在休养生息之余,也为阴郁的生活投下灿烂的阳光。7月25日的一场车祸使他摔断了锁骨,疗养后康复;10月27日深夜,死神无预警地接走了他,传闻死因与酒精有关。当首相米勒告诉歌德这个噩耗时,"他很镇定且顺服地接受了这个信息,'我就知道,我生了一个终须一死的人',他呼喊着,眼中蓄满泪水"。

儿子葬在罗马,白发人授意墓碑上刻下"先父亲而去者",一切尽在不言中。

表面上看来,歌德的作息未受影响,《诗与真实》继续进行,仿佛他不需要力克悲痛,"考验会等到最后",事情发生约一个月后,给音乐家朋友策尔特的信上如此表示。艾克曼11月23日赶回威玛,先见到了一身丧服的奥缇莉亚,"然后去后面看歌德,他站得笔挺又坚定,拥抱我,我觉得他完好无缺,开朗且安静。"做父亲的与这位秘书谈了一些事情,但一个字也没提到他的儿子。

25日半夜,歌德大口大口吐血;现代医学根据各种征兆诊断,咸认他食道静脉出血,而心肌无力所引起的肝脏充血加速了病情恶化,血压跟着飙高。当时能派上用场的方法就是放血,眼看着大量失血就要夺去这位八旬老人的性命,但他在众人惊呼中迅速痊愈。12月2日,他在日记里写着:"晚上想到浮士德以及若干揭示性的东西"。

病愈几星期后他修改遗嘱,尽可能为幼龄的孙儿安排一个周全的未来,米勒首相将是他遗嘱的执行者。

婚姻失败给奥缇莉亚的打击甚于丈夫猝逝,她仍然在迷宫中寻觅不设限的爱情,认为快乐只存在于爱情之中。对歌德她态度如一,他是她的偶像,嘘寒问暖一样也不少。媳妇不善于打理家务,迟暮之年的歌德只好自己管账,免得家中一团乱。

老友凋零

1828年6月14日,卡尔-奥古斯特公爵在从柏林归返的途中过世,这个消息来得意外,歌德尤其感到错愕。

准备葬礼各项事宜期间,公爵夫人曾经与歌德会面,两位鬓如霜的老友都感叹韶华易逝,生命脆弱。"现在,歌德与我彼此太了解了,只不过他仍有勇气活下去,而我没有。""长寿,我最信任的朋友!其实就是经历多,熬得多。"

两年后,公爵夫人也告别人间。他所爱的人都比他先走,史坦河

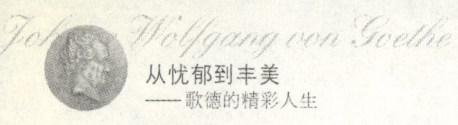

从忧郁到丰美
—— 歌德的精彩人生

歌德的石棺就安放在这栋小教堂的地窖内

（Stern）旁的花园是他享受静谧与孤独，回首前尘的地方，"春天的郊外如此无与伦比，我不想留都留了下来。"他的诗情仍浓，接触异国文学，继充满波斯风情的《西—东诗集》之后，他的眼光现在驻足于遥远的中国，十四首联诗《中德的季节与辰光》创下晚年抒情诗的高峰。

1831年《浮士德二》画上句点，他松了一口气，对艾克曼说："现在，我做什么或者还要做什么，基本上都无所谓了。"过生日的前一天，他登上山顶，尽览图林根森林的美景，"在经过这么多年之后，要视而不见的有：永久的、消失的。成功的凸显而出，使人快活，失败的要忘记，并且认栽。"看得出来他的心境趋于淡泊。

春天来了

这一年冬天他相当忙碌，虽然动作变慢了，记忆力有些衰退，但相当健康。1832年3月15日他乘马车兜风时着了凉，在床上躺了一整天，胸痛得厉害。五天后他又能愉快地享用食物，大伙儿都认为渐有起色，他自己也在想病好之后要做的一些事情。20日晚上情况转剧，周身发冷，刺痛感袭来，他只能轻轻呼吸。

第二天医师来了，无计可施。这一回，心肌梗塞合并上呼吸道黏膜炎找上了他。一次剧烈发作后他安静了下来，到了21日中午又是一阵惊涛骇浪，晚上他的意识偶尔才恢复一下，坐在扶手椅上进入半睡眠状态。

1832年3月22日中午十一点半，已经无法言语的诗人伸出食指，在空气中画了一个符号，手一松，垂放在盖着大腿的被褥上，飘然而去。

有人说他一度清醒过来，问了日期，开口道来："那么春天来临，我们可以好好休息了。"并且请人为他打开窗户，好让光线照进房间。

也有人说他临终的遗言是"多一些光线！"。

后世研究者为这微弱、不清楚的两个字投注了不少精力，从法兰克福方言解读应该是"躺在这里真不舒服"，另一派的诠释是"多的没有！"。

　　令人安慰者，米勒首相说，歌德没有受到一丝丝死亡气息的惊吓，"九点时他还和奥缇莉亚开了一下玩笑，医师早就放弃救他了。他的死只是呼吸停止，毫无抽搐，亦无战斗。"

再见，歌德。

参考书目

"Johann Wolfgang von Goethe Werke Hamburger Ausgabe", Bd. 1—14, Hrg. von Erich Trunz, Deutscher Taschenbuch Verlag

"Johann Wolfgang von Goethe Briefe Hamburger Ausgabe", Bd. 1—4, Hrg. von Karl Robert Mandelkow, Deutscher Taschenbuch Verlag

"Briefe an Goethe?", Bd. 1—2, Hrg. von Karl Robert Mandelkow, Deutscher Taschenbuch Verlag

Karl Otto Conrady, "Goethe Leben und Werk", Bd. 1—2, Fischer 1988

"Johann Wolfgang Tagebücher", Bd. 1—3, Hrg. von Gerhart Baumann, PHAIDON Verlag

Eckart Kleβmann, "Christiane Goethes Geliebte und Gefährtin", Artemis & Winkler 1993

Sigrid Damm, "Christiane und Goethe Eine Recherche", Insel Verlag 1998

Sigrid Damm, "Das Leben des Friedrich Schiller Eine Wanderung", Insel Verlag 2004

"Lexikon der Goethe Zitate", Hrg. von Richard Dobel, Artemis 1968

"Frankfurt mit den Augen Goethes", Hrg. von Herbert Heckmann, Walter Michel, Umschau Verlag 1987

Elfriede Herb, "E. Goethes Freund", Verlag Buch + Bild

Johann Peter Eckermann, "Gespäch mit Goethe in den letzten Jahren seines Lebens", C. H. Beck 1988

"Goethe, Sein Leben in Bildern und Texten", Hrg. von Christoph Michel, Gestaltet von Willy Fleckhaus, Insel Verlag 1982

Ekkehart Krippendorff, "Goethe Politik gegen den Zeitgeist", Insel 1999

Katharina Mommsen, "Goethe und der Islam", Insel Taschenbuch, Hrg. von Peter Anton von Arnim

Erich Trunz, "Ein Tag aus Goethes Leben", C. H. Beck 1994

Ullstein Lexikon der Musik, Verlag Ullstein GmbH 1989